AF423873

JOSÉ
ANTONIO
RIVAS
LEONE

EL DESCONCIERTO DE LA POLÍTICA

LOS DESAFÍOS DE LA POLÍTICA DEMOCRÁTICA

SEGUNDA EDICIÓN

EL DESCONCIERTO DE LA POLÍTICA.
LOS DESAFÍOS DE LA POLÍTICA DEMOCRÁTICA
Autor: JOSÉ ANTONIO RIVAS LEONE
          rivasleone@gmail.com
Universidad de Los Andes. Mérida, Venezuela
Colección Ciencias Sociales
Serie Estudios Políticos

Editado por el Consejo de Publicaciones
de la Universidad de Los Andes.
Av. Andrés Bello, La Parroquia
Mérida, estado Mérida, Venezuela
(+58 274) 2711955, 2713210
cpula@ula.ve

Este libro fue sometido al dictamen
y evaluación de dos reconocidos árbitros
pares, resultando favorable su publicación.

Diseño editorial: Reinaldo Sánchez Guillén

A Mayela, con profundo amor y admiración

A Fulvia Leone y Rómulo Rivas Olivares quienes me inculcaron valores

A Samuel Alejandro y Emma Isabella González Uzcátegui

*A la memoria de Don Antonio Leone, Itala de Leone
y Doña Blanca Olivares de Rivas*

A Valentina y Valeria Rivas

*A José David Uzcátegui Quintero y Marly Reymy de Uzcátegui,
estoicos y virtuosos con los pies en la tierra*

A Reinaldo Ramírez Méndez (†) maestro, guía y amigo consecuente

A José Luis Malaguera Rojas (†) quien me honró con su amistad y trato

> *El conformismo generalizado y la consecuente insignificancia de la política tiene un precio. Un precio muy alto, en realidad. El precio se paga con la moneda en que suele pagarse el precio de la mala política: el sufrimiento humano. Los sufrimientos vienen en distintas formas y colores, pero todos pueden rastrearse al mismo origen. Y estos sufrimientos tiene la cualidad de perpetuarse. Son los que nacen de la mala práctica política, pero que también se convierten en el obstáculo supremo para corregirla.*
>
> — ZYGMUNT BAUMAN, 2001

> *La principal amenaza de la democracia no es la violencia ni la corrupción o la ineficiencia, sino la simplicidad. Nadie diría que la simpleza, con ese aire de inocente descomplicación, puede actuar de manera tan corrosiva sobre la vida política, pero en ocasiones los enemigos menos evidentes son los más peligrosos.*
>
> — DANIEL INNERARITY 2020a

> *La política es lo decisivo. La política es el ámbito determinante de la existencia autentica. La política es el espacio privilegiado donde el hombre le es dado realizarse en cuanto tal. La política hace a los hombres verdaderamente humanos.*
>
> — AGAPITO MAESTRE 2000

> *La política es una forma distintiva de gobierno en la cual el pueblo actúa conjuntamente mediante procedimientos institucionalizados para resolver sus diferencias, para conciliar los diversos intereses y valores, y para hacer que las políticas públicas persigan propósitos comunes. Como la única forma de gobierno, la política se distingue de otras formas de gobierno como la autocracia y el totalitarismo. La guerra y la violencia representan la quiebra, no la extensión de la política. Además, sugeriré que, entendida en estos términos, la política es así una precondición de la moderna democracia.*

— BERNARD CRICK, 2004

> *Los fenómenos de corrupción, de desprestigio y de ineficacia de las instituciones estatales se desarrollan en los más diversos rincones del planeta, propiciando el surgimiento de personalidades carismáticas fundadas precisamente en concepciones apartidistas, apolíticas y aestatistas, cuando no abiertamente antipartidista, antipolíticas y antiestatistas. Triunfa así, con frecuencia, no el liberalismo constitucional, no el liberalismo ético, sino un liberalismo maniqueo que responsabiliza a la política y al Estado de todos los males que sufren las sociedades.*

— LUIS SALAZAR, 1997

Contenido

CAPÍTULO 4

La revalorización de la democracia y la política en tiempos de crisis.

CAPÍTULO 5

La calidad democrática. Más y mejor democracia – 121

Prólogo
a la primera edición

por
ALFREDO RAMOS JIMÉNEZ

Resulta innegable hoy en día que los problemas de todo el mundo son problemas políticos y los problemas políticos siempre serán problemas de todo el mundo. Dentro del contexto social de un siglo cargado de conflictos, tanto el debate público como la reflexión académica sobre el poder han asumido como suya la idea según la cual lo político por principio concierne a toda la comunidad.

Sin embargo, los esfuerzos por rescatar la política, que se proponían conducirla hacia posiciones más elevadas, no parecen haber alcanzado su objetivo o, al parecer no han sido suficientes para dejar atrás la época que condenó toda política, presentándola ante los ciudadanos como actividad degradada.

Asimismo, los esfuerzos al interior de la disciplina, unos más teóricos y reflexivos que otros, que habíamos considerado un tanto dispersos, por reubicar la política dentro de la práctica social, han dado base para que se piense que definitivamente la política se nos extravió. Por ello, todas las iniciativas que, entre nosotros, se han propuesto reasumir la política desde perspectivas críticas y globales –abandonadas sin beneficio de inventario por unos cuantos practicantes de la politología– siempre serán bienvenidas y relevantes. Porque, los escritos de quienes hasta hace poco se apertrechaban en las trincheras del "fin de la política" o de la "miseria de la política", un tanto sumisos a los dictados de la moda imperante de una cierta sociología, habían contribuido sin saberlo a la "inocente" despolitización de toda actividad social. Los mismos han sido desmentidos en la época reciente, tanto en la teoría como en la práctica. Y, si bien es cierto que el hastío y el desencanto todavía se mantienen en unos cuantos predios de la investigación académica, no lo es menos el hecho de que tanto las presiones de la vida cotidiana como los retos de la acción política están allí para provocar, si no impulsar, las políticas innovadoras que se precisan para avanzar.

Este es el objeto del libro que presentamos aquí, resultado del trabajo de uno de nuestros investigadores más jóvenes, dispuesto al abordaje de lo que considera un *desconcierto de la política,* directamente vinculado este último con las trampas que nos tendió la política de fin de siglo, de las que afortunadamente, pensamos, poco a poco y no sin dificultad vamos saliendo.

A partir de las reflexiones que, en la última década del siglo pasado, nos advertían sobre el hecho de que "la política ya no es lo que era", José Antonio Rivas Leone aborda las transformaciones de la política de nuestros días, vinculándolas con el surgimiento de una nueva ciudadanía, con capacidad para superar la despolitización y la antipolítica, efectos perversos de una transición hacia la democracia que, nos parece, ya dura bastante.

Así, lo que en su momento Norberto Bobbio tipificara como la divergencia entre los "ideales democráticos" y la "cruda realidad" de la política, "tal como es", causa directa de unas cuantas promesas incumplidas, que a la larga terminarían por convertirse en un peligroso autodesengaño (Danilo Zolo), debe ser asumida como la fuente del desencanto generalizado en el que nos encontramos instalados desde hace tiempo.

Los aportes recientes de Anthony Giddens, Ulrich Beck y Zygmunt Bauman, entre los más representativos de la "nueva sociología política", constituyen visiones renovadas y críticas de la modernidad que ha extendido sus dominios a la periferia, como lo asume el autor de este ensayo en una incursión exploratoria que demanda mayores desarrollos en el futuro.

Las manifestaciones de un fenómeno político atípico, identificado por algunos autores como desafección y rechazo de la política, han conmovido los endebles cimientos de la construcción democrática en nuestros países. Paradójicamente, la ciencia política latinoamericana vive hoy en día un "segundo" relanzamiento, si asumimos el hecho de que el primero se había producido en la década de los ochenta, cuando llegó a imponerse una significativa politización de la sociología regional, conscientes desde entonces de los retos y desafíos de la democratización.

Este resurgimiento de la disciplina, llevada a la práctica por una nueva generación de politólogos, está encaminada decisivamente esta vez hacia un mayor involucramiento de los investigadores en la arena política. Aunque, esto último ya había sido anunciado en unas muy conocidas conferencias de Max Weber y, con ciertos matices, en los escritos políticos de autores tales como Joseph Schumpeter y Raymond Aron.

Ahora bien, en la medida en que la teoría democrática sigue siendo "la jerga pública del mundo moderno", como lo afirmara John Dunn en un conocido escrito, todos los intentos por desmitificar las certezas y equívocos de la misma serán relevantes si nos llegan a tiempo para afinar nuestras observaciones y proposiciones.

A los latinoamericanos de hoy se nos impone, tal vez más que antes, la tarea que consiste en proceder a una relectura detenida de los clásicos modernos y contemporáneos. Y, ello a fin de conjurar los peligros de una política democrática extraviada, autista y autosuficiente que, abandonando el ejercicio crítico, habría de provocar unas cuantas consecuencias negativas entre los ciudadanos. De aquí que este ensayo se presente como una genuina invitación a la discusión y debate que, superando los límites de la academia, se propone llegar hasta el ciudadano común, aquel que se expresa hoy preocupado o desconcertado ante la "invasión" de la política en su vida cotidiana. Todo con la aspiración que anima a todo investigador político, que no es otra que la de intervenir en el debate público con las armas de un pensamiento crítico e informado, que siempre lo encontraremos en el origen de aquello que los autores de los manuales de ciencia política han convenido en llamar "conocimiento aplicable", el mismo que responde a los requerimientos de una comunidad exigente y a la espera de respuestas y soluciones para sus problemas.

Este libro nos llega en momentos en que nuestro país vive los desencuentros que toda transición conlleva, que amenaza con llevarse por delante los tímidos avances de nuestras neodemocracias. Allí radica la relevancia de esta reflexión fresca y renovada sobre la política que nos ha tocado vivir, portadora de significado para el porvenir.

Mérida, Venezuela, octubre 2003

Prólogo
a la segunda edición

por
CARDENAL BALTAZAR PORRRAS CARDOZO
Arzobispo Metropolitano de Mérida
Administrador Apostólico de Caracas

De esta crisis podemos salir mejor o peor. Podemos retroceder a crear algo nuevo. En este momento, lo que necesitamos es la oportunidad de cambiar, de hacer lugar para que pueda surgir eso nuevo que necesitamos. Como cuando Dios le dice a Isaías: "Vení, hablemos sobre esto. Si estás listo para escuchar, tendremos un gran futuro. Pero si te negás a escuchar, te devorará la espada" (Isaías, 18-20). Papa Francisco, en *Soñemos juntos*, pp. 4-5.

Me imagino que más de un lector de esta obra se preguntará qué hace un eclesiástico prologando un libro titulado *El desconcierto de la política. Los desafíos de la política democrática* del profesor Rivas Leone, cuando debería estarse ocupando de que la gente rece o cumpla con los mandamientos. Por supuesto que lo primero tendrían que preguntarle al autor la osadía de pedirme escribiera unas cuartillas sobre su obra que he leído, debo decir, con detenimiento.

Empiezo por una anécdota reciente. En un encuentro virtual promovido por un organismo de la Santa Sede sobre la pertinencia de las vacunas contra el Covid19, varios de los participantes le hicieron una pregunta parecida a lo que señalo en el párrafo anterior. Su respuesta: si usted examina los evangelios, Jesús le dedicó más tiempo a estar en contacto con la gente, curar sus enfermedades y señalar el protagonismo de los excluidos que a indicarle a sus seguidores normas y mandamientos. Se enseña con el ejemplo, con el testimonio personal. El llamado de Jesús a sus discípulos más cercanos fue vengan y vean... aun así, uno de ellos lo traicionó.

No soy politólogo ni sociólogo para emitir juicios sobre la cantidad de autores reconocidos, base de la erudición del Dr. Rivas Leone, al ofrecernos el marco conceptual de los desafíos de la política democrática en la actualidad. Mi condición, desde la teología, me lleva a ver el desconcierto de la política desde otros ángulos, complementarios a los señalados en este libro. Porque sigue siendo pertinente la pregunta acerca de la relación entre fe y política. En un mundo poliédrico como el que presenta el planeta, la interdisciplinariedad y la interconexión de las visiones del comportamiento de las sociedades, ha sido y es tema obligado desde los filósofos de la antigüedad, los teólogos de todos los tiempos, –desde San Agustín, Santo Tomás, las escuelas surgidas a raíz del descubrimiento de América y de la Reforma luterana, hasta Francisco Suárez y los teólogos moralistas–, a los que hay que sumar los filósofos de todas las tendencias de los últimos siglos en torno al avance tecnológico y social de la modernidad.

Desde finales del siglo XVIII, la crisis del absolutismo regio, la independencia de Norteamérica y la revolución francesa, se incrementa el estudio y la puesta en práctica de los regímenes llamados democráticos y los vaivenes autoritarios de diverso signo en los que sobresale el materialismo histórico, los socialismos y el marxismo teórico y práctico. Por su parte, el catolicismo deslastrado del dominio político de los estados pontificios, de las añoranzas de regresar al *ancien régime* y tratando de situarse ante la nueva realidad liberal, dio pie a una nueva etapa que se denomina, para entendernos, la doctrina social de la Iglesia, en la que se ha ido decantando una nueva manera de situar el ámbito de lo religioso frente a la realidad socio-política.

Simplificando un tanto, me circunscribiré a la etapa más reciente, a partir, en concreto, del Concilio Vaticano II (1962-1965). La constitución más original y única en la historia de los concilios fue el documento conocido como *Gaudium et spes*, en el que se postula que la Iglesia se siente solidaria y todo lo que es genuinamente humano encuentra eco en su corazón. Parte de la situación del hombre en el mundo moderno, resaltando sus esperanzas y temores, los cambios profundos producidos por las ciencias y las técnicas, lo que conlleva cambios sociales, psicológicos, morales y religiosos, produciendo desequilibrios en el orden teórico y práctico. Todo ello se encuadra en las aspiraciones más universales de la humanidad (mayor justicia política y social), poniendo en el tape los interrogantes más profundos del hombre.

La afirmación, que de cara a lo político estimamos clave, está en el número 36 de dicho documento en el que se afirma sin ambages la justa autonomía de la realidad terrena: "*Si por autonomía de la realidad se quiere decir que las cosas creadas y la sociedad misma gozan de propias leyes y valores, que el hombre ha de descubrir, emplear y ordenar poco a poco, es absolutamente legítima esta exigencia de autonomía*"... "*Pero si autonomía de lo temporal quiere decir que la realidad creada es independiente de Dios y que los hombres pueden usarla sin referencia al Creador, no hay creyente alguno a quien se le escape la falsedad envuelta en tales palabras*".

Fiel a su historia y a las exigencias del Concilio, la Iglesia latinoamericana a partir de Medellín (1968) explicitó su compromiso desde la fe con la realidad histórica. Se afirma en la introducción de los documentos de esta segunda Conferencia General del Episcopado continental que, "*América Latina está evidentemente bajo el signo de la transformación y el desarrollo. Transformaciones que además de producirse con una rapidez extraordinaria, llega tocar y conmover todos los niveles del hombre desde el económico hasta el religioso*"... "*No podemos dejar de descubrir en nuestra voluntad cada día más tenaz y apresurada de transformación, las huellas de la imagen de Dios en el hombre, como un potente dinamismo*"... "*se presenta como un signo y una exigencia*".

Con rostro propio y autónomo, aparecen las teologías latinoamericanas llamadas genéricamente de la liberación, y las prácticas pastorales con énfasis en lo social, en la promoción integral y en la formación de la fe de los creyentes vinculada con la cotidianeidad social. Puebla (1979), reafirma en su mensaje introductorio: "*Si dirigimos la mirada a nuestro mundo latinoamericano, ¿qué espectáculo contemplamos? La verdad es que va aumentando más y más la distancia entre los muchos que tienen poco y los pocos que tienen mucho. Los valores de nuestra cultura están amenazados. Se están violando los derechos fundamentales del hombre. Las grandes realizaciones en favor del hombre, no llegan a resolver, de manera adecuada, los problemas que nos interpelan*".

La continuidad del pensamiento episcopal latinoamericano la vemos en el documento de la IV Conferencia General en Santo Domingo (1992): "*Grandes mayorías de nuestros pueblos, padecen condiciones dramáticas en sus vidas. Así lo hemos comprobado en las diarias tareas pastorales, y lo hemos expresado con claridad en muchos documentos...Vana sería nuestra esperanza si no fuera actuante y eficaz. Falaz sería el mensaje de Jesucristo si permitiera una disociación entre el creer y el actuar...La fe, unida a la esperanza y a la caridad en el ejercicio de la actividad apostólica tiene que traducirse en 'tierra espaciosa y fértil' para quienes hoy sufren en Latinoamérica y el Caribe*".

La Iglesia en Venezuela tuvo unos años de reflexión sobre su quehacer en el que participaron obispos, sacerdotes, religiosos y fieles. Producto de dicho trabajo en común, se conoce como *"El Concilio Plenario de Venezuela"* (2006). El documento número 3 se titula *"la contribución de la Iglesia a la gestación de una nueva sociedad"*. Allí se plantea como orientación pastoral, la necesaria conversión y renovación de la Iglesia venezolana, en los ámbitos económico, social, político y cultural. *"La Iglesia en Venezuela, –dice la introducción–, asume con renovado entusiasmo y decisión el reto de contribuir a la gestación de una nueva sociedad, más justa, más solidaria, más fraterna y más cristiana"*... *"En esta perspectiva, el Concilio Plenario de Venezuela quiere vislumbrar y señalar los aportes que, como consecuencia de su presencia corresponsable y protagónica, está llamada a dar la Iglesia, de cara a la construcción de una nueva Venezuela"*.

Aunque la palabra "política" no aparece explícitamente, el lenguaje religioso es claro. Nada es ajeno a la fe, mucho menos la realidad sobre la cual se construyen los valores de la convivencia, de la libertad, de la verdad y, sobre todo, de la vida que encierra el álgido tema de los derechos humanos. Los sujetos de la vida política no son los políticos, sino la gente. Son ellos, deben ser, los protagonistas de la vida en la polis que descansa en aquellos que ejercen el rol, la profesión, la vocación de servicio a la comunidad. Pero, si hay algo que está claro en el pensamiento cristiano es que la triple tentación del poder, del dinero y del placer, es el espejismo que obnubila la mente y la acción de los políticos, porque ejercer dominio del colectivo, manejar recursos y medios, utilizar las modernas tecnologías para seducir, y no tener claro el fin que es, debe ser, el bien común, termina por tergiversar la acción pues se requiere de un equilibrio que no descansa en la buena voluntad sino en la fortaleza de instituciones autónomas que sirvan de balanza al uso y al abuso del poder. Lo más absurdo y abyecto es la explotación del pobre, del necesitado, para enriquecer a cerebros degenerados, como los que comercian con la trata de personas o promueven los estupefacientes o la venta indiscriminada de armas letales.

Por otro lado, el cambio de época, asunto repetido, pero no asumido suficientemente, ha generado cambios cosméticos, no profundos. El cambio genera siempre resistencias y rechazos. Se dan correctivos que maquillan, pero no van al fondo de la cuestión generando una mayor desigualdad y pobreza. Este tema lo asumió con claridad la V Conferencia General del Episcopado Latinoamericano en Aparecida Brasil (2007). Es bueno tomar en cuenta que quien lideró el grupo redactor del documento por decisión de la asamblea, fue el Arzobispo de Buenos Aires, Jorge Mario Bergoglio. Siete años más tarde sería el sucesor del Papa Benedicto XVI, tocándole por vez primera a un jesuita, latinoamericano, estar al frente de la Iglesia universal.

Reconocer luces y sombras, no suele ser lo ordinario en las instituciones. Aparecida en la Introducción nos dice: *"Desde la primera evangelización hasta los tiempos recientes, la Iglesia ha experimentado luces y sombras. Escribió páginas de nuestra historia de gran sabiduría y santidad. Sufrió también tiempos difíciles, tanto por acosos y persecuciones, como por las debilidades, compromisos mundanos e incoherencias, en otras palabras, por el pecado de sus hijos, que desdibujaron la novedad del Evangelio, la luminosidad de la verdad y la práctica de la justicia y de la caridad. Sin embargo, lo más decisivo en la Iglesia es siempre la acción santa de su Señor"*.

Esta afirmación no es un cumplido para la galería. Lo asume el documento al afirmar de muchas maneras la necesidad de cambiar. *"Se abre paso un nuevo período de la historia con desafíos y exigencias, caracterizado por el desconcierto generalizado que se propaga por nuevas turbulencias sociales y políticas, por la difusión de una cultura lejana y hostil a la tradición cristiana, por la emergencia de variadas ofertas religiosas, que tratan de responder, a su manera, a la sed de Dios que manifiestan nuestros pueblos"*.

Dado lo anterior, *"la Iglesia está llamada a repensar profundamente y relanzar con fidelidad y audacia su misión en las nuevas circunstancias latinoamericanas y mundiales. No puede replegarse frente a quienes solo ven confusión, peligros y amenazas, o de quienes pretenden cubrir la variedad y complejidad de situaciones con una capa de ideologismos gastados o de agresiones irresponsables"*.

En concreto, Aparecida le dedica sendos capítulos a *"la realidad que nos interpela"*, analizando las dimensiones culturales, económicas, socio-políticas, la biodiversidad, ecología, Amazonia y Antártida, y la presencia de los pueblos indígenas y afroamericanos. Por supuesto que lo hace bajo el paraguas del mensaje evangélico y la tradición de servicio a lo largo de los siglos. Pero esto no es posible sin poner en marcha lo que Aparecida llama *"conversión pastoral"*, que en términos gerenciales podemos llamar de reingeniería. *"Ninguna comunidad debe excusarse de entrar decididamente, con todas sus fuerzas, en los procesos constantes de renovación misionera, y de abandonar las estructuras caducas que ya no favorecen la transmisión de la fe"* (365). *"La pastoral de la Iglesia no puede prescindir del contexto histórico donde viven sus miembros. Su vida acontece en contextos socioculturales bien concretos. Estas transformaciones sociales y culturales representan naturalmente nuevos desafíos para la Iglesia en su misión de construir el Reino de Dios. De allí nace la necesidad, en fidelidad al Espíritu Santo que la conduce, de una renovación eclesial, que implica reformas espirituales, pastorales y también institucionales"* (367).

Lo anterior evidencia lo que la Iglesia latinoamericana ha promovido oficialmente en su compromiso con los pueblos y sus necesidades más urgentes. No nos hemos detenido en reseñar la mucha literatura y las experiencias pastorales que se han desarrollado en el continente a lo largo de algo más de medio siglo. Ha sido la irrupción con rostro propio de la iglesia latinoamericana en el ámbito mundial, no solo el eclesial, lo que tiene ahora un nuevo y poderoso impulso con el lenguaje de la palabra y del ejemplo testimonial del Papa Francisco.

El documento programático del Papa Bergoglio es la carta *"Evangelii gaudium"* EG, la alegría del Evangelio de noviembre de 2013 a los pocos meses de su elección como sucesor de San Pedro. Este documento resume, en palabras del propio pontífice, la herencia del Concilio Vaticano II, de Pablo VI en su documento estrella *"Evangelii nuntiandi"*, el anuncio o la proclamación del Evangelio (1975), y su *background* latinoamericano, la teología del pueblo y entre los documentos, principalmente Aparecida. El capítulo cuarto de EG, la dimensión social de la evangelización desarrolla las repercusiones comunitarias y sociales del *kerygma*, la inclusión social de los pobres, el bien común y la paz social, para cerrar con el diálogo social como contribución a la paz.

Lo social es indisoluble del medio ambiente, de la casa común. Otra de las inquietudes de Aparecida que adquiere dimensión universal en *"Laudato si"* (2015), sobre el cuidado de la casa común, la ecología integral. *"No es de la encíclica verde, –dice el propio Papa–. Es una encíclica social. Lo verde y lo social van juntos: el destino de la creación está unido al destino de las personas, a los hombres y mujeres, de la humanidad entera".* Se complementa con el *Sínodo sobre la Amazonía* (2019) y el mecanismo que ha tomado impulso a partir de allí para una nueva cultura de los biomas y la explotación de los recursos naturales renovables y no renovables en perspectiva de las actuales y futuras generaciones.

Por último, la necesidad de pensar y gestar un mundo abierto lo desarrolla el Papa Francisco en *Fratelli tutti* (2020), todos hermanos. No es un discurso piadoso sobre la fraternidad y la amistad. Sin un proyecto para todos no hay futuro. *"La mejor manera de dominar y de avanzar sin límites es sembrar la desesperanza y suscitar la desconfianza constante, aun disfrazada detrás de la defensa de algunos valores. Hoy en muchos países se utiliza el mecanismo político de exasperar, exacerbar y polarizar. Por diversos caminos se niega a otros el derecho a existir y a opinar, y para ello se acude a la estrategia de ridiculizarlos, sospechar de ellos, cercarlos... La política ya no es así una discusión sana sobre proyectos a largo plazo para el desarrollo de todos y el bien común, sino solo recetas inmediatistas de marketing que encuentran en la destrucción del otro el recurso más eficaz. En este juego mezquino de las descalificaciones, el debate es manipulado hacia el estado permanente de cuestionamiento y confrontación"* (15).

Los problemas planteados en el libro que prologamos, encuentran en este espejo otra faceta poliédrica que debe ser enriquecida con las visiones y propuestas de las múltiples ciencias humanas. Estamos ante un cambio de época, con problemas y desafíos comunes desde ángulos diversos que exigen, ahora más que nunca, una visión holística, una conciencia democrática, sin imposiciones arbitrarias de ninguno de los actores, incluidos en primer lugar los políticos seguidos de los gigantes que manejan la economía y la comunicación. De allí surgen las apetencias de poder para la riqueza fácil que deja en la cuneta a los excluidos, a los pobres, a los que estorban.

Concluyo con una reflexión sobre la incidencia de la pandemia del covid19 sobre el presente y el futuro de la humanidad. La fragilidad y debilidad del ser humano y de algunos principios que parecían inamovibles de la economía y el desarrollo, ponen a todos, en la necesidad de preguntarse por el futuro. El Papa Francisco insiste en que la postpandemia será mejor o peor según lo decidamos nosotros. Volver a la "normalidad anterior", es impensable, más bien, es un suicidio para las presentes y futuras generaciones. Habrá capacidad de rectificar. Depende no solo de los grandes líderes políticos y económicos. La ciudadanía juega un rol importante. De su mayor o mejor conciencia de ejercer los derechos de la vida, la igualdad, la libertad, y la verdad, hará que los líderes se ajusten a pesar suyo, o queden descalificados por sus electores y promotores. El camino es largo y sinuoso pero posible.

Tomo las palabras del agudo y ácido, pero no por ello menos acertado, José Ignacio González Faus, jesuita que con sus ochenta y siete años a cuestas, sigue con una lucidez y claridad de pensamiento increíbles. Quedan sus palabras para rumiarlas y sacar sin apasionamientos conclusiones que ayuden a abrir caminos al futuro. *"Grandes autores, creyentes y no creyentes (Dostoievski, Berdiaev, Nietzsche, Sartre...) afirman que al ser humano le pesa tanto la libertad que, en cuanto se le concede, busca cómo cambiarla por un 'plato de lentejas' de seguridad".*

"En contra de lo que decía una apologética miope, el gran daño que hizo Marx a la causa revolucionaria (a pesar de lo acertado de sus análisis sociales), no fue el ser ateo sino el ser supersticioso. Hay ateísmos muy respetables, aunque haya otros risibles o, como decía la ironía sutil de Homero: 'no muy dignos de envidia'.

Pero en la visión cristiana del mundo, la superstición es mucho más pecado que el ateísmo. Y la superstición de Marx consistió en creer que hay una ley infalible en la materia que conduce la historia hacia el paraíso. Más o menos como creer que la Virgen se aparece de vez en cuando para decirnos lo que hemos de hacer..."

"Esa superstición marxiana dañó a muchos cristianos haciéndoles creer que la fe consiste en 'creer que este mundo tiene remedio' y no en creer que tiene un pleno sentido la lucha para que este mundo tenga remedio: porque ahí 'va Dios mismo en nuestro mismo caminar'. Además, esa superstición marxiana abarató fatalmente a las izquierdas y les dio una fe de carbonero en el futuro, azuzada además por la idea de la violencia como 'partera' que acelera el nacimiento del paraíso. Creo que esa ilusión ha vuelto ligeras y perezosas a muchas izquierdas, obsesionadas por paladear ya los frutos de la revolución..., mientras que las derechas (que no defienden ideales sino sus propios privilegios), acaban siendo más diligentes y más cuidadosas. Aprendí por aquel entonces que 'las izquierdas desconocen el pecado original y las derechas se aprovechan de él'".

Con una mayor dosis de serenidad y auténtica esperanza el Papa Francisco nos reitera lo que presentíamos, pero no queríamos aceptar. "El Covid19 aceleró el cambio de época que ya estaba en proceso. Por cambio de época no me refiero solamente a un tiempo de cambio, sino a que las categorías y supuestos que antes servían para movernos en el mundo ya no funcionan más. Cosas que pensamos que nunca iban a pasar —el colapso ambiental, la pandemia mundial, el retorno de los populismos—, hoy las estamos viviendo. Es una ilusión pensar que podemos volver a donde estábamos. Todo intento de restauración nos conduce siempre a un callejón sin salida" (*Soñemos juntos*, pp. 56-57).

No me queda sino desearles a los amables lectores que valoren el trabajo de estudiar y formarse. Nada de lo que está escrito es infalible, pero es materia abundante y abonada para la reflexión y el discernimiento, virtudes no muy comunes en los tiempos que corren. Mi agradecimiento y felicitación al Dr. Rivas Leone por su constancia en escribir y a quienes hacen posible que podamos compartir publicaciones en un país donde pareciera que se le niega al intelecto y a la cultura el derecho de existir.

Caracas, 25 de enero de 2021, fiesta de la Conversión de San Pablo, el hombre que le cambió el rostro al naciente cristianismo, después de haber sido su más cruel perseguidor.

Prefacio

El desconcierto de la política. Los desafíos de la política democrática, constituye un ensayo crítico y reflexivo, que hace casi dos décadas fue concebido y escrito iniciando el siglo XXI, período cargado de retos, amenazas, y desafíos para la política y la democracia fundamentalmente, estas últimas siguen en deuda en muchos de nuestros países al haberse desvanecido y desdibujado con un impacto tremendo en los ciudadanos.

Nuestro planteamiento de aquel entonces sigue vigente puesto que la política y la democracia, por lo menos en lo que América Latina refiere, siguen estando en un momento complejo y de reordenamiento, con deudas enormes hacia sus ciudadanos que reclaman pudor, seriedad, mayor decencia y honestidad de quienes ejercen la política, rasgos y aspectos que no implican bajo ningún concepto el que postulemos una visión o desempeño angelical o ingenuo de quienes se dedican a la política, pero si evidentemente una actividad que retome principios básicos, que tenga decoro, ética, responsabilidad y honestidad en función de un proyecto colectivo y loable que calificamos de democrático y ciudadano.

Las fallas reiteradas de la política y los políticos incidirán en la calidad de la democracia y en los ciudadanos respectivamente. Por tanto, una mala política y un mal político desdibujará la democracia y producirá los suficientes gérmenes, malestares y condiciones para el surgimiento de todo tipo de propuestas, proyectos y estilos, que no necesariamente representan una alternativa democrática, más aún, terminan seduciendo ciudadanos y posteriormente (salvo excepciones) deteriorando por no decir destruyendo lo que tanto han criticado de sus antecesores, como ha ocurrido en la experiencia venezolana de finales del siglo XX y primeras dos décadas del siglo XXI con el llamado chavismo.

No podemos desconocer que, en varios momentos o ciclos de nuestra historia, hablar de la crisis o del agotamiento de la política, del espacio público y de un cierto malestar de la política ha sido algo recurrente y casi constante antes y ahora. Ennio Pintacuda[1] nos recuerda que la política es el eterno presente de la historia, y aun cuando su problemática se haya hecho hoy más compleja y visible no hay que olvidar que su andadura siempre ha sido tortuosa. El hastió hacia la política y, más concretamente, hacia sus representantes no son algo nuevo. Sin embargo, la crítica hacia la política, sus actores y prácticas pareciera ser expresada por un número cada vez mayor de voces, cuestión esta que es un síntoma distintivo en relación a otras épocas.

Indiscutiblemente el momento actual tiene nuevas implicaciones y rasgos algunos nunca antes registrados. La política de nuestros días está desacreditada, vaciada dirían algunos, otros hablarían de una suerte de impotencia, de crisis o incluso de fin y, por último, optamos por plantear una necesaria crítica por un lado, acompañada de la imperante reflexión en torno a la recuperación y revalorización de la política, la democracia y algunas otras categorías y modos, frente al desconcierto que la política transmite en la actualidad. Lo que es indiscutible es que no tropezamos con un fenómeno y asunto sumamente dinámico, complejo y demasiado importante o trascendental por los efectos que genera en cada una de nuestras realidades, en nuestras sociedades y ciudadanos respectivamente.

Como señalara oportunamente Agapito Maestre[2] es precisamente esa complejidad y desorden, cuando no caos, lo que nos recuerda la urgente necesidad de construir nuevos esquemas categoriales que nos ayuden, primero, a interpretar las sociedades contemporáneas y, en segundo lugar, a evaluar la pervivencia y futuro de los ideales de la modernidad en las democracias de capitalismo tardío.

---

1   *Cf.* Ennio Pintacuda, introducción de su texto, 1994.

2   Véase ampliamente sus reflexiones en su obra (1994), específicamente el primer capítulo "La necesidad de repensar la política": 15-52.

La política realmente se encuentra en una situación difícil, aunque frente a esto cabría mejor hablar de una situación dificultosa y de cierta crisis no tanto de la política sino de lo político (tanto los políticos como tal, como del entramado institucional), frente a este panorama encontramos importantes planteamientos de autores españoles (Innerarity, Maestre, Bilbeny, Vallespín, Cortina, Camps), de autores italianos (Bobbio, Esposito, Marramao, Bovero, De Giovanni, Morlino, Zolo y Pintacuda), de autores franceses (Hermet, Rosanvallon, Todorov, Rouquié) y latinoamericanos (Lechner, Mires, García Canclini, Flisfisch, Garretón y otros), que son partidarios en su gran mayoría de la imperante necesidad de repensar y redescubrir el verdadero rostro de la política, buscando con ello acercarla nuevamente al ciudadano común el cual ha terminado aborreciendo a la política y viendo en esta, antes que nada, un fantasma.

Nadie pone en duda que nuestros políticos (a veces mediocres y pragmáticos) y nuestras instituciones políticas comenzando por los ya cuestionados partidos políticos, han contribuido notablemente con su actuación al descrédito de la política, se observa una carencia y falta de espíritu público, de vocación de servicio (en el sentido Weberiano) partiendo de la tesis de "vivir para y no de la política".

Tendríamos que el desdibujamiento de la política y principalmente de los actores políticos, se ha traducido en estos años en que la política como instancia común de acción y deliberación quede reducida a unos pocos, tienda a privatizarse y cartelizarse, desde el momento en que se reducen los canales de participación, y donde el colectivo o asume un papel pasivo e indiferente (no se involucra y no participa en política) o un papel activo negativo (cuestiona a la política, desarrolla aversión y rechazo o, en su defecto, opta por canalizar sus expectativas a través de actores antipolíticos o contrarios a la democracia tradicional o representativa) siendo esto una paradoja, si asumimos que en nuestros contextos políticos latinoamericanos el ciudadano medio común es por naturaleza político y se refleja en los altos niveles de involucramiento y participación político electoral.

Vivimos una etapa y época de "Malestar con la política" (Manuel Rojas Bolaños) de "Malestar con la vida pública" (Victoria Camps) y de "Transformación de la política" o de "Democracia Compleja" o "Pandemocracia" (Daniel Innerarity). Sin embargo, nada hacemos con aceptar el estado de deterioro, vaciamiento o ineficiencia de la política y, más aún, de nuestra clase política y las propias organizaciones partidistas que en su conjunto producen malestar y consecuentemente afectan el funcionamiento de la democracia.

Estamos convencidos de que el debate y abordaje alrededor de la política, la democracia, sus actores e instituciones, debe ir más allá de la mera denuncia o crítica. Requerimos realizar un examen crítico y reflexivo de nuestras realidades, de nuestros liderazgos y de la necesidad inaplazable de contar con una clase política medianamente formada que logre vislumbrar propuestas, proyectos colectivos y programas de gobierno, que en su conjunto redunden en la estabilidad, desarrollo y progreso tanto de nuestras democracias como de nuestras sociedades y ciudadanos respectivamente.

Igualmente necesitamos instituciones democráticas sólidas y, principalmente, la presencia activa de partidos políticos con programas y proyectos que motiven al ciudadano, por momentos despolitizado, a interesarse y participar en política y en las esferas de lo público, como única vacuna para evitar que en América Latina y principalmente en países como Venezuela, sigan siendo dominados por liderazgos de corte neopopulista, autoritario y antipolítico como ha ocurrido con Hugo Chávez Frías, Evo Morales en Bolivia o anteriormente Alberto Fujimori en el Perú o Abdalá Bucaram o recientemente Rafael Correa en el Ecuador. No olvidemos que parte de la crisis de la política en la región latinoamericana se manifiesta en una crisis de las mediaciones y representaciones políticas que produce un impacto en diversos niveles o ámbitos.

Nuestros ciudadanos necesitan una política que, aparte de ser democrática, logre alcanzar un poco más de calidad y no simplemente convertirla en improvisación, pragmatismo e intereses grupales o personales. Los ciudadanos exigen elevar la calidad de la política, las agendas, los actores y finalmente los resultados. La labor actual pasa por retomar a los partidos, cuestionar nuestros dirigentes y por supuesto repolitizar al ciudadano quien demanda un mayor y mejor espacio público. La democracia no es algo dado *per se,* sino que se construye día a día, partiendo de esta idea necesitamos conformar un nuevo imaginario colectivo donde la política recupere su rasgo de nobleza y servicio asociado al bien común.

De lo contrario la política vacía y reducida al manejo de unos pocos y ausente de ideas y debate, termina produciendo situaciones en la que los ciudadanos a parte de cuestionarla y objetarla, terminan en ciertos momentos apoyando nuevas opciones que actúan con una lógica y dinámica que no necesariamente es democrática, y que están imbricadas con el tamiz del retorno de liderazgos de tipo autoritario y plebiscitario, que en nuestra América Latina y Andina hoy se encuentran a la ofensiva.

De forma tal que presentamos una propuesta con implicaciones críticas y requisitorias, también cargadas de ideas y luces, que no son más que una preocupación no solo académica, sino ciudadana por la situación actual de la política, incluyendo su estado de agotamiento y de transformación que por momentos escapa a las predicciones tanto de los apocalípticos o pesimistas, como de los optimistas o reformadores, en lo particular nos adherimos a la recuperación y revitalización de la política degradada de nuestros días que poco ofrece a sus ciudadanos, y que pareciera estar mutada de proyectos de vida, de sociedad y de ciudadanía. Por tanto, nuestro propósito no es otro que el de proponer algunas ideas y premisas que parten y están encaminadas a la impostergable reconstrucción de la política desde la sociedad democrática, cuestión que implica una ciudadanía activa en torno a unas ideas, valores y contenidos democráticos frente a las tentaciones de corte autoritario y populista muy típicas de la región.

Por tal razón desarrollamos algunos temas e hilvanamos algunas ideas que sirvan de alguna manera o motiven a pensar, repensar y retomar por ende el sentido, contenidos y fines de la política en sus sentido más integral como actividad noble, asociado entonces a examinar a la política como posibilidad, proyecto societal y compromiso, pero también a la política como mediación, negociación, acuerdo e invención ciudadana frente a propuestas hostiles, vacías y un tanto preñadas de desconcierto y orfandad que poco aportan el momento actual[3].

De manera que en nuestro primer apartado o capítulo se introducirá el estado de la cuestión, es decir, la política en la actualidad como esfera de desconcierto, sus fallas, sus críticas y desfases, asociando el planteamiento al pragmatismo de hoy, la necesidad de establecer nuevamente algunas utopías, virtudes ciudadanas y, naturalmente, contrastando nuestro hilo expositivo con nuestras realidades, demandando contar con una ética pública mínima o principios elementales en la manera de pensar y hacer política a nivel de América Latina.

---

3   Véase las consideraciones ampliamente expuestas por Daniel Innerarity en su reciente ensayo (2020), donde precisamente expone que una de las mayores amenazas que tiene la democracia y la política actualmente es el nivel de simplicidad que las define, con el agravante que nos corresponde vivir en un mundo y sociedad muy compleja y que por ende requiere de estructuras, instituciones, procedimientos, ciudadanos y certezas.

En un segundo capítulo, estableceremos cuales son los principales desafíos que se plantea la política en nuestras sociedades, particularmente qué demandas y expectativas tienen hoy en día los ciudadanos en relación a la política como proyecto, como instancia de deliberación y de vida. Partiendo de la premisa que donde falla la política emergen desaciertos e incluso la violencia, no olvidemos que la política le corresponde ser un medio o espacio para lograr desde los desacuerdos o disensos ciertos consensos y encuentros entre los ciudadanos.

En una tercera parte, precisamos con base en las transformaciones que asume la política, lo concerniente a la desarticulación de los actores políticos y los principales cambios epocales, destacando las nuevas bases de la política y la reestructuración de los universos políticos en años finales del siglo XX.

Entre tanto, en un cuarto capítulo nos detenemos en un tema de vital importancia como es plantear la impostergable revalorización de la política y de la democracia en una época de crisis, cuestión que demanda precisar los principales retos que se plantea la política democrática en nuestro ámbito latinoamericano y, naturalmente, hacemos un alto en la realidad y situación de la política y la democracia en Venezuela totalmente desdibujada.

En el quinto capítulo, abordamos la conceptualización y debate en torno a la calidad de la democracia y desarrollo democrático, como temática novedosa de la ciencia política contemporánea y categoría analítica útil para evaluar el desempeño de los gobiernos democráticos, la riqueza de tal categoría y temática está en no agotarse en aspectos formales y normativos, sino además, introducir aspectos de tipo institucional, cultural, técnicos, financieros que permitan diagnosticar la salud de nuestros regímenes en términos de libertades, además del desempeño de la instituciones, procedimientos y resultados de nuestras democracias.

Finalmente, presentamos algunas conclusiones tentativas e ideas que, expresadas como críticas, no se identifiquen en lo más mínimo con planteamientos apocalípticos, todo lo contrario, sirvan de mediación y motivo para un renacimiento de la política como actividad noble, y al mismo tiempo enarbolen y revaloricen a la democracia en nuestra región como tipo de gobierno y como ideal o proyecto de vida.

Esta propuesta requisitoria y reflexiva no intenta ser un trabajo definitivo y acabado del debate, situación de la política y de la democracia en nuestros contextos, eso sería una tarea muy ambiciosa, pero si aspira aproximarse a tratar y diagnosticar a los mismos en una época cargada de incertidumbres y amenazas, pero a su vez la presencia de retos y desafíos. Ha sido escrita con un lenguaje sencillo, a veces insolente que no persigue agotarse en la mera denuncia, sino trascender a la reflexión académica y fundamentalmente a la consideración de los ciudadanos.

Por tal motivo ha sido concebida y formulada para un destinatario amplio, desde los estudiosos de la ciencia política y demás disciplinas, pasando por los investigadores, hasta los ciudadanos en general que aspiran conseguir en pocas páginas algunas ideas que motiven el debate y permitan soñar con tiempos mejores. Y como dijo acertadamente el sociólogo Fernando Mires (2001) "para que la política siga viva y activa es necesario que la ciudadanía no se convierta en masa ... los autoritarismos irrumpen cuando la ciudadanía y la sociedad civil pierden su esencia, organización y asumen una pasividad". De allí las amenazas y a la vez los desafíos que los ciudadanos tenemos frente a situaciones de apatía y frustración, nos obligan a la impostergable tarea de promover una recuperación de la política democrática. Relanzar a la política, a la democracia y sus instituciones no puede verse como una opción sino como una decisión y reto impostergable frente a los traumas y consecuencias que genera la improvisación y emergencia de una ralea de políticos indocumentados, febriles y deshonestos que terminan dañando más con su acción y participación no solo a la democracia, sino y consecuentemente a los ciudadanos.

Mi gratitud para Alfredo Ramos Jiménez, maestro, colega y amigo por haberme sembrado desde muy joven la curiosidad intelectual y la constancia por la academia y la investigación en estas últimas décadas. Al excelentísimo Cardenal Baltazar Enrique Porras Cardozo, Arzobispo Metropolitano de Mérida, Administrador Apostólico de Caracas y prologuista de esta segunda edición corregida y ampliada. Asimismo, han sido vitales los insumos y discusiones formales e informales con mis colegas universitarios de la Universidad de Los Andes en Mérida, Venezuela: Jesús Rondón Nucete, Luis Caraballo Vivas, Fortunato González Cruz, José Ramón Pérez Febres, Eduardo Pachano, Enrique Andara, Gladys Mata Marcano, César Pérez, Alexis Dávila, Luis Madueño, Juan Pedro Espinoza Aguaida, Pedro Rivas, Claudio Alberto Briceño Monzón, Raúl Huizzi Gamarra, Diomedes Cordero, Alejandro Gutiérrez, Genry Vargas Contreras, Julio César Tallaferro, José María Andérez, Aura Morillo, Guillermo Memo Matera. A mis estimados parientes Abdón Vivas Terán y Jorge Villet Salas. A unos estoicos y generosos lectores Nelson Rivera, Carlos Fernández y Ricardo Bello, siempre proactivos y consecuentes.

Sea extensivo mi agradecimiento a distinguidos profesores de otras universidades del país, colegas con quienes me ha unido en estos años una amistad y un fecundo intercambio de ideas y temas, Luis Coronado Prada en la Universidad Santa María, Francisco González Cruz en la Universidad Valle de Momboy, Guillermo Tell Aveledo y Oscar Valles en la Universidad Metropolitana y John Magdaleno en el IESA y en la Universidad Católica Andrés Bello en Caracas, Venezuela. También llegue mi agradecimiento a Francklin Rivas Echeverría de la Universidad Técnica Federico Santa María en Viña del Mar, Chile; Leonardo Caraballo en la Universidad Santo Tomas en Bucaramanga, Colombia y a César Ulloa de la Universidad de Las Américas en Quito, Ecuador, por la amistad y proyectos académicos compartidos. Y por supuesto, a mis alumnos del pregrado de Derecho y Criminología. Asimismo, mis estudiantes y tesistas de la Maestría en Ciencia Política y del Doctorado en Estudios Políticos, todos programas académicos de la Facultad de Ciencias Jurídicas, Políticas y Criminológicas de la Universidad de Los Andes en Venezuela. No puedo dejar de reconocer el apoyo institucional del Consejo de Publicaciones de nuestra Alma Mater y especialmente el trabajo de filigrana de Reinaldo Sánchez Guillén en el diseño del libro. Finalmente, el autor es el único responsable por los errores u omisiones que pudieran albergarse en el presente ensayo. Sean los lectores los encargados de evaluar nuestro escrito y reflexiones surgidas en plena pandemia mundial Covid-19, que obligó al respectivo encierro y permitió concluir esta segunda edición corregida y ampliada.

J.A.R.L.
Mérida, diciembre 2020

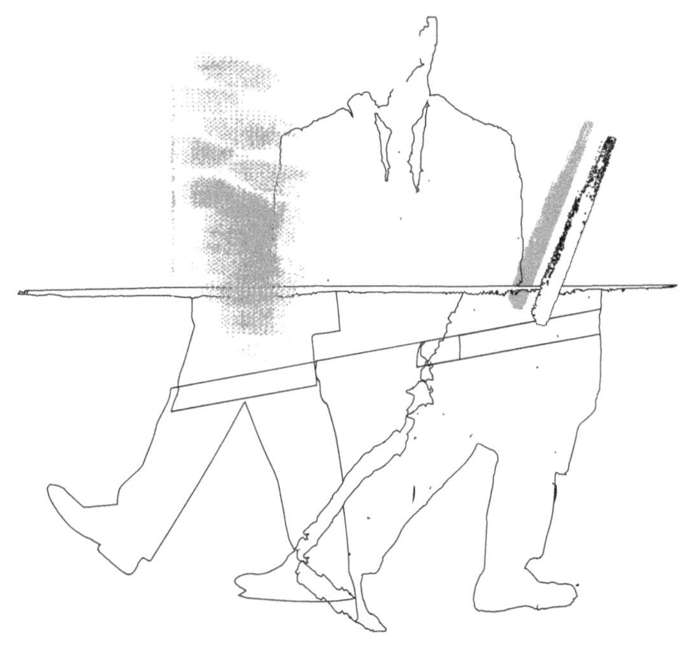

> *Los ciudadanos quieren política en serio. Aquella que sea capaz de crear vínculos duraderos y basados en el respeto mutuo entre los individuos, o sea, aquella política que aspira a una sociedad más fuerte, transparente y dinámica que la actual, obligada a comulgar con las imbecilidades de políticos indocumentados.*

— AGAPITO MAESTRE, 1996

> *La política ya no tiene que enfrentarse a los problemas del siglo XIX o XX, sino a los del XXI, que exigen capacidad de gestionar la complejidad social, las interdependencias y externalidades negativas, bajo las condiciones de una ignorancia insuperable, desarrollando una especial capacidad estratégica y aprovechando las competencias distribuidas de la sociedad civil.*

— DANIEL INNERARITY, 2020a

CAPÍTULO 1

LA POLÍTICA, ESFERA DE DESCONCIERTO

La política en la actualidad

Si alguna idea está clara por parte de los diversos pensadores y autores desde los griegos hasta nuestros días, es que solo en la actividad política y en la interacción respectivamente se hacía el hombre plenamente libre, y por lo tanto plenamente ciudadano. Eso es, por lo demás, lo que para los griegos significaba que el hombre fuera naturalmente político: no que lo fuera "desde siempre" o "desde el origen", sino que fuera solo allí donde los hombres pudieran alcanzar el conjunto de las potencialidades a las que estaban destinados por su condición. Esa "condición humana", entonces, se realizaba en el intercambio lingüístico y argumentativo con los demás, y la política, que era el nombre de ese intercambio humanizador y dignificante, constituía, por lo tanto, la más elevada de las actividades que los hombres podían realizar.

Ese modo de pensar la política está, desde luego, muy lejos del que caracteriza a los tiempos de hoy que, por comodidad o rapidez, solemos llamar tiempos críticos, modernos, postmodernos o más recientemente tiempos de pandemia o época post Covid-19. La premisa es categórica, necesitamos ciudadanos y fundamentalmente instituciones que sustenten la democracia y donde el cemento clave que une y construye es precisamente la política, una política institucional, democrática que sume y permita nuevamente enarbolar proyectos colectivos, una política llevada a cabo por políticos, de lo contrario la mala política aparte de corroer a la democracia y afectar al ciudadano, trae consigo incertidumbres y enfermedades o virus como el populismo, el militarismo y toda una gama de ideologías, formas y actores que terminan siendo más perversos que sus antecesores al producir retrocesos institucionales, políticos, económicos y sociales.

Los grandes exponentes del pensamiento político liberal han explicado cómo la política se fue transformando en una actividad "profesional" y especializada, más concretamente, de una cierta clase de hombres (los políticos) destinada a que otros hombres –la mayoría, los simples ciudadanos– puedan vivir en paz y dedicarse en los espacios "privados" a las tareas que se limitan a la esfera intima. Uno de los problemas actuales tiene que ver precisamente el constatar que la política es escenificada y practicada por un grupo de actores emergentes, que lejos de contribuir con la institucionalidad democrática terminan socavando sus bases.

Claro está, la política en la actualidad, la política de hoy es esencialmente una política distinta, esta política, entendida –decíamos– como una "actividad profesional" y minoritaria, debió librar todo a lo largo de estos siglos, un duro combate con la política ejercitada y concebida como una práctica de contestación de los privilegios, de ampliación de los derechos y de impugnación de los poderes establecidos.

La historia del ensanchamiento –siempre conflictivo– del "espacio público", la historia de la democratización –nunca lineal– de la vida política de los pueblos, la historia de las revoluciones y las contrarrevoluciones, son evidencias del productivo y constante enfrentamiento entre una idea de la política entendida como práctica institucional de administración de las sociedades y una idea de la política entendida como antagonismo y lucha.

El espacio de la política moderna se define exactamente en esta tensión, en este punto de cruce entre las instituciones formales y las prácticas sociales, entre los "poderes constituidos" y el "poder constituyente". Contra quienes reducen la política al mero funcionamiento de la maquinaria institucional, a simple pragmatismo a instrumentalización. La política es siempre, en efecto, la actividad desarrollada en ese espacio de tensión y conflicto que se abre entre las grietas de cualquier orden. Es en ese espacio donde ese orden cobra (o mejor dicho va cobrando todo el tiempo, de modo siempre inestable, complejo y siempre cambiante y por ende nunca definitivo) un sentido para esos mismos actores.

La política es una actividad de lucha y de donación al mundo social como proyecto colectivo. Y es exactamente en ese carácter o dimensión que la política se encuentra en fuerte crisis –si no en franca orfandad y retirada– entre nosotros, la política, en efecto –la política entendida como ese espacio de tensión que se abre cuando no nos ha ganado la sensación de inexorabilidad de lo que se nos presenta como dado, la política concebida como terreno de discusión de proyectos y de lucha por el sentido–, parece hoy haber mutado, junto a otras tres importantes transformaciones ocurridas en la contemporaneidad y actualidad, como son la intermitencia de la democracia como apuesta por la participación deliberativa y activa de los ciudadanos en los asuntos que les conciernen por un lado, el quiebre del Estado como actor central del juego de los poderes hoy venido a menos como garante del bien común, y como referencia material y simbólica universal de la modernidad y, finalmente, la emergencia de pandemias con efectos globales que trastocan a las democracia y los gobiernos, a la salud, la economía, las expectativas y la convivencia ciudadana como ocurre con el virus chino –el Covid-19.

De manera que los signos de hoy son el malestar de la política, el vaciamiento de la democracia como ideal de vida y como tipo de ordenamiento político, y finalmente, encontramos al propio Estado que parece también estar en retirada en varios ámbitos dejando en su lugar ciertos vacíos que intentan ser ocupados por otros actores y que por supuesto implican transformaciones importantes.

Estos retrocesos –el de la política como proyecto y deliberación, el de la democracia como ideal y gobierno, y del Estado respectivamente–, sobre cuya estela estamos tratando de situar nosotros el análisis que aquí nos interesa y nos preocupa, el de la política misma. A partir de este examen y realidad se demanda retomar el debate y presentar alguna argumentación e ideas en aras de presentar una crítica, pero al mismo tiempo recuperar el sentido entre nosotros, en América Latina y en Venezuela de la política.

La política entendida como espacio de deliberación y de debate, de lucha y de confrontación de proyectos, de impugnación y de desafío de la presunta inexorabilidad de las leyes del presente, de la supuesta imposibilidad de proponer otros rumbos. Por lo inferido tendríamos que esa revalorización de la política, solo será posible de la mano de la revalorización de la democracia y por ende de la política democrática, porque no habrá política en ningún sentido más o menos riguroso de la palabra si no nos decidimos a asumir colectivamente nuestro destino; también plantear y retomar las utopías, entendidas como las capacidades para imaginar otros futuros, otros escenarios, otros horizontes distintos de los actuales y con mayores niveles de ciudadanía y prosperidad en esta época post Covid-19.

El horizonte actual de la política y la democracia es complejo y confuso y se entremezcla con crisis ecológicas, migraciones, xenofobia, flujos financieros, desempleo, terrorismos variados, nuevas esclavitudes, la reducción del Estado y sus consecuencias, pobreza, desempleo, pandemias y demás situaciones y fenómenos que requieren respuestas, decisiones y soluciones en beneficio de nuestros ciudadanos, de nuestras urbes y ethos, donde la política debe recobrar su papel de nobleza y servicio, y hacerlo precisamente a través de la democracia y del andamiaje institucional que la sustenta.

La radiografía que hoy podemos hacer de la democracia y fundamentalmente de la política no es nada halagadora, y allí precisamente está el germen de la esperanza, la crítica y su replanteamiento hoy. De acuerdo con Vallespín, asumiríamos que "el entorno de la política aparece marcado hoy por la individualización y corporativización creciente, la ya aludida internalización de la economía, cultura, política de seguridad, riesgos, etc.; la progresiva disolución de las identidades cívicas abarcadoras, la dificultad por definir un ámbito de lo público, la crisis de la acción de gobierno tradicional"[4], estos conforman parte de los rasgos que subyacen en la actualidad, que es preciso afrontar y confrontar con lo que verdaderamente creemos que deba integrar y rotular a la política en nuestra época.

Uno de los temas recurrentes para muchos analistas y pensadores contemporáneos, lo constituye inequívocamente la metamorfosis y los cambios que asume la política en la última década. Dichos problemas traen aparejado una serie de retos e incertidumbres de diversa índole para el ciudadano, para la democracia y para las propias sociedades sumergidas en proceso de modernización y algunas de cambios profundos en materia cultural, tecnológica y económica.

Hay que tomar muy en serio lo referido a la "crisis de la política". Esta debe ser abordada en primer lugar como expresión de malestar con la política, que tiene varias manifestaciones o representaciones, ese malestar tiene una doble faz o dimensión. Por una parte, el malestar parece estar expresando la inercia de ciertas imágenes antiguas y seguramente obsoletas respecto de la política. Tenemos una visión estática de la política que no da

---

4 Fernando Vallespín, 2000: 164.

cuenta de los cambios en curso. En este sentido, el malestar representa una visión defensiva de lo que fue la política frente a nuevas formas y procesos políticos que no son inteligibles en el código antiguo.

Por otra parte, el malestar también tiene otra cara, un rostro y dimensión crítica que está buscando los nuevos significados que tienen la política hoy día. Tanto así que algunos autores precisan que estamos registrando un momento en el que pareciera que la política ya no es lo que fue[5]. Considerando los cambios sociales en los últimos lustros, no debe sorprendernos que estas transformaciones sociales también afecten a la política, esta última después de largas e inciertas travesías y otras veces con importantes logros, asume en su seno un proceso innegable de transformación positiva y loable en paralelo a la democracia, los derechos y la ciudadanía. Pero no solo eso. Junto con la transformación de la política ocurre una transformación de la democracia[6]. Al cambiar el contexto también cambia el significado de la democracia. Ella no tiene un significado único, establecido de una vez y para siempre. La política y la democracia requieren constantemente de un contenido, se construyen y recrean permanentemente.

Por tal razón y en consecuencia, debemos de redefinir el sentido de la democracia en nuestra época. Generalmente nos limitamos, de acuerdo con el gran pensador italiano Norberto Bobbio, a definiciones mínimas de la democracia, pero seguramente ella tiene algo más, un *plus*; diría Lechner que consiste en el procedimiento y las instituciones, pero también en algo más que tiene que ver con lo que llamamos ciudadanía y sociedad civil entre otras categorías que se acrecientan con el desarrollo de la política democrática.

Hemos señalado en otros momentos que la política ha sufrido a lo largo de su historia una serie de etapas o ciclos, muchas de las cuales se ha visto incapaz, agotada y con indicadores de malestar a nivel de la ciudadanía y la sociedad. Sin embargo, la política ha contado siempre con sus propios anticuerpos y capacidades que ha permitido un renacer y, por ende, la entereza

---

5   Véase ampliamente las consideraciones de Norbert Lechner, 1994, 1996a, 1996b, 1996c.

6   Véase el reciente ensayo sugerente en planteamientos e ideas de Daniel Innerarity (2020b). Sobre este fenómeno de transformación de la democracia y la política encontramos ideas sumamente pertinentes y esclarecedoras aportadas en su momento por Norbert Lechner 1991b, 1994, 1996a, 1996b, 1996c; Agapito Maestre, 1996; Daniel Innerarty, 2002; José Antonio Rivas Leone, 2000a, 2000b; Alfredo Ramos Jiménez, 1999c; Fernando Mires, 2000, 2001; Zygmunt Bauman, 2001. Jean-Paul Fitoussi y Pierre Rosanvallon, 1997.

y capacidad de auto recuperarse frente a situaciones diversas de desarraigo, fatiga cívica, apatía generalizada o de retorno a lo privado[7].

Tendríamos, en opinión de Fernando Vallespín, que "se están produciendo enormes transformaciones soterradas en el ámbito social y político. Estamos frente a un nuevo escepticismo ...la gran paradoja es que en la época de la tan cacareada innovación –tecnológica, financiera, productiva, empresarial, de estilos de vida, etc.– la política, para bien o para mal, se está quedando al margen"[8].

Por tanto, pudiéramos inferir que la política asume mutaciones en su forma de pensarla, concebirla y ejercerla. Lo cierto del caso es que se han producido cambios y la presencia de nuevas situaciones, que por momentos parecieran desbordar el orden y que han generado un impacto y por ende la atención de estudiosos, analistas e investigadores.

Norbert Lechner esbozó hace algún tiempo en relación a los principales fenómenos e indicadores de la transformación de la política, que esta última se manifiesta categóricamente en "el desencantamiento de la política; la informalización de la política; y la reestructuración de lo público y lo privado"[9].

La política de nuestros días pareciera no solo haberse informalizado y personalizado, sino además, se registra como nunca antes que la política como práctica e instancia rebasa a las instituciones, estaríamos en una suerte de desbordamiento institucional con profundas incertidumbres y consecuencias.

Somos partidarios de que la política, junto a las instituciones en nuestra América Latina, debe ser resituada y revalorizada frente al vacío que pudiese producir su letargo, la desconsolación y las posturas fáciles que solo nos inducen a asumir una actitud de postración, pasividad o hasta posturas fatalistas en las que pareciera no hay más nada que hacer, sino asumir el pesimismo actual. Frente a esto optamos de manera categórica por la recuperación de los contenidos de la política, su esencia y fines, y del propio andamiaje institucional.

De manera que plantear una defensa de la política[10] está en los actuales momentos más que justificado, orientando siempre el planteamiento

---

7   *Cf.* Marcel Gauchet, 2002; Fernando Vallespín, 2000; Agapito Maestre, 1994; además, María Funes Rivas, 1995; Victoria Camps, 1996.

8   Véase Fernando Vallespín, 2000: 12.

9   Véase extensamente Norbert Lechner, 19996b: 3-16.

10   Véase el interesante y clásico texto de Bernard Crick, 2001.

de asumir a la política como actividad noble de gestión y de contingencia permanente en la que encontramos controversia, disenso, pluralismo y probablemente cuestiones imprevisibles. Así tendríamos que admitir, junto a Daniel Innerarity, que "la política no es administración, sino configuración, diseño de las condiciones de la acción humana, apertura de posibilidades. Tiene mucho que ver con lo inédito y lo insólito; no es acción que se atenga estrictamente a la experiencia de que se dispone. La política es una acción cuyas consecuencias tienen mayor alcance que sus previsiones"[11].

Se insiste mucho en diversos planteamientos y autores que parte de la crisis que ha embargado a la política, tiene como tamiz y rótulo un sentimiento profundo de extravío y desconcierto del ciudadano para con la política, e incluso con las instituciones y a veces hasta con el entramado democrático.

No podemos perder de vista que la política es precisamente la discusión institucionalizada acerca de los criterios para considerar la idoneidad y estadio de una decisión, una manera de hacer y conducir los asuntos públicos. Fundamentalmente la política es un espacio y ámbito para plantear, discutir y negociar. Indudablemente "la política no es mera administración, ni mera defensa, sino configuración, diseño de los marcos de actuación, prospectiva. Tiene que ver con lo inédito y lo insólito, magnitudes que nos comparecen en otras profesiones muy honradas pero ajenas a las inquietudes que provoca el exceso de incertidumbre"[12].

Contamos en la actualidad con indicadores que nos revelan, como señalara oportunamente Anthony Giddens[13], que vivimos un periodo crucial de transición histórica en el que debemos librarnos de los hábitos y prejuicios del pasado para controlar el futuro ... El mundo en el que nos encontramos hoy, no se parece mucho al que pronosticaron. Tampoco lo sentimos de la misma manera. En lugar de estar cada vez más abajo nuestro control, parece fuera de él, por eso se habla de un mundo desbocado que indiscutiblemente afecta y tiene inferencias no solo en nuestros modos de vida, sino en nuestras agencias y categorías.

Lo cierto del caso es que nuestros códigos y coordenadas tradicionales (derecha e izquierda, solidaridad orgánica y mecánica, comunidad y asociación, entre otros) hoy nos suministran pocas luces a la hora de dar

---

11   David Innerarity, 2002: 36-37. Además, véase su largo y pertinente ensayo, 2020a, 2020b.

12   David Innerarity, 2002: 40.

13   Véase su obra, 2000: 13-17.

cuenta de los cambios acelerados (tiempo-espacio) de los nuevos clivajes (autoritarismo-democracia) o la emergencia enfermedades y pandemias (Sida, Ébola, Covid-19, etc.) que nos definen, como señala Ulrich Beck, el advenimiento de la sociedad del riesgo.

Queramos aceptarlo o no, las nociones de soberanía, democracia, política y Estado, se están replanteando, están siendo trastocadas y demandan, como en ningún otro momento de explicación y de tratamiento, de parte de las ciencias sociales y, por supuesto, de parte de la politología regional. Nuestra América Latina y la propia Venezuela no han quedado al margen de las transformaciones y cambios comentados anteriormente. Las identidades tradicionales y los mapas cognitivos que conforman nuestro imaginario colectivo bajo el rotulo de nación y que afirman ese valor como "soberano", atraviesan una suerte de vaciamiento y metamorfosis al igual que el entramado democrático.

Fernando Vallespín es partidario de que en la actualidad –y se estaba refiriendo al estado de la política a comienzos del siglo XXI– no hay que reinventar nada, pero sí de re-comprender todo. De manera que la cuestión planteada por el pensador español es de percepción, de ajuste conceptual y de elaboración de nuevas categorías que permitan una reinterpretación de las instituciones y procesos políticos, igualmente de los actores y escenarios.

Regulaciones y desregulaciones, aceleraciones y desaceleraciones, déficit y superávit, orden y caos, certidumbre y riesgo son cuestiones presentes en nuestros procesos que afectan (junto a otras dinámicas propias de América Latina) a la política la cual es el denominador común. La expresión de tales procesos se observa y encarna en que la política y la propia democracia se muestran incapaces, crecidas en momentos y relegadas en otros.

Malestar y crisis de la política

Sin duda las postrimerías del siglo XX coinciden con la globalización de la economía, modos de producción, auge del capitalismo y, en paralelo, el desarrollo con éxito de procesos de transición y democratización de regímenes autoritarios a democráticos. Sin embargo, la democracia y la política no lucen a escala mundial plenas, si bien es cierto en Europa encontramos cimentada a la democracia y a la política democrática, no ocurre lo mismo en América Latina donde la política y la democracia siguen estando sumergidas en vaivenes y procesos ondulatorios definidos por avances y retrocesos.

Si bien es cierto, la democracia se constituye como un anhelo, meta y valor en nuestras sociedades latinoamericanas, no es menos cierto que su éxito y consolidación tendrá mucho que ver con la esencia de la política, sus agendas y actores en función de los ciudadanos. Mientras la política y sus actores no cumplan el papel de mediar, representar, canalizar expectativas y demandas en función y beneficio de los ciudadanos, la política y la democracia estarán en situaciones de crisis produciendo no soluciones sino problemas y especialmente malestares en el seno de las sociedades con profundos déficit y desigualdades pendientes por resolver.

Luis Salazar, como otros autores imbuidos en un debate alrededor de temas morales, éticos y cívicos, que son recurrentes y salpican a la política y a la democracia, señaló oportunamente que "el final de un siglo que ciertamente funcionó como un gran campo de experimentación de las más diversas fórmulas ideológicas por parte de concepciones voluntaristas de la política, y que finalmente derivo en un aparente triunfo (casi) universal de los principios y procedimientos de la democracia liberal, se ve dominado, por ende, por un estado de ánimo diferente al que presidió el término del siglo XIX. Si en este último siglo lo que privaba en la visión de algunos pensadores era 'el miedo a las masas y a la democracia', en nuestro tiempo predomina la mala fama de la política... una visión no sólo desencantada, sino profundamente negativa de la política"[14].

Victoria Camps, con agudeza y acierto y tal vez adelantándose a lo que hoy vivimos, expresó que "a la política le corresponde tomar decisiones y ofrecer cauces que den cuerpo a la igualdad política, estimular la participación y movilizar al ciudadano. Para ello ha de empezar por identificar los signos más visibles de la debilidad democrática. En especial, de esa debilidad que acentúa la distancia y desprestigio de la política y que amenaza con convertirla en un formalismo sin sustancia ni credibilidad"[15].

La insatisfacción con la política en América Latina tiene mucho que ver con el funcionamiento de nuestras democracias y con el desempeño de sus instituciones, creemos que está relacionada con la percepción de los ciudadanos de que aún quedan muchas cosas por hacer. Por ello hemos insistido que la democracia sigue estando en deuda con los ciudadanos. Y

---

14   Luis Salazar, 1997: 103. Además, Fernando Mires, 2001.

15   Véase Victoria Camps, 1993: 16-20. Además, consúltese Jaime Osorio, 1997: 15-26. También, Daniel Innerarity, 2020a.

en ese sentido, los ciudadanos esperan y desean que la política, al igual que la democracia, integre unos valores y contenidos mínimos que nunca deben estar ausentes y por supuesto deben concretarse. Hay una valoración de la democracia y de la política, sin embargo, se perciben reservas y es natural, dado los escasos rendimientos que muchas veces tiene la política y la democracia para los ciudadanos como proyecto colectivo.

Es necesario establecer la distinción entre lo político como esfera colectiva, como entramado y como orden, de la política como actividad. Pues lo político relaciona la vida social con la comunidad de ciudadanos, circunscribiendo la siempre constelación de elementos múltiples que configuran el orden. Se refiere a las relaciones, mediaciones y demás que deben ser tomadas en cuenta a la hora de cualquier estudio y análisis, pues como dice Lechner "si ignoramos lo político amputamos a la política y reducimos el fenómeno político a sus formas visibles"[16].

Habitualmente los análisis de la política no tienen muy en cuenta a lo político, de manera que adentrarse al estudio de la política y del estadio de malestar que la define, según algunos autores, compromete necesariamente los diversos campos, relaciones y factores que se interrelacionan entre la política y lo político respectivamente. Lo político, de acuerdo a Benedicto y Reinares, "es un concepto versátil referido tanto a la distribución del poder en el seno de una sociedad dada como a las instituciones reguladoras de las pautas de comportamiento que su presencia implica o a los procesos mediante los cuales tales configuraciones se modifican"[17].

Lo cierto del caso es que "el malestar de la política" es un fenómeno e indicador que deber ser traducido e interpretado por la ciencia política. De entrada, expresa desconcierto, cuestionamiento y hasta desarraigo con una política, con una forma, con unos actores, pero que tienen en común todas estas manifestaciones una reacción negativa hacia la política como tal por diversas razones. Se perciben sentimientos y juicios de que la política no es lo que fue, que la política es sinónimo de traición, que su capacidad como proyecto colectivo y de servicio al ciudadano ha sido sustraído y se ha venido, por tanto, a menos, produciéndose además una falta de desconfianza en la política como rasgo definitorio en algunas sociedades.

---

16   *Cf.* Norbert Lechner, 1994: 39.

17   Véase Jorge Benedicto y Fernando Reinares, 1992: 9.

Tanto es así que unos cuantos autores han destacado que "la crisis de la política ha traído consigo el debilitamiento de los sentidos compartidos y de los lazos de los ciudadanos para con la política, provocando una sensación y estado de vacío, de rechazo y hasta nihilismo"[18]. Tal vez encontremos que la presencia del nihilismo del cual nos hablan algunos autores, no es más que la expresión del desarraigo frente a la política y de la pérdida del sentido y valoración de la comunidad como sumatoria de las iniciativas y lazos ciudadanos.

El malestar de la política se presenta como una situación que va de la mano y es consecuencia al mismo tiempo de la perdida de sentidos, horizontes, certidumbre y, fundamentalmente, de una despolitización y exclusión que por momentos divorcia cada vez al ciudadano de la política como instancia que se torna incapaz de incidir favorablemente en la producción de órdenes y niveles de vida más dignos y consustanciados con una verdadera condición humana y ciudadana.

En el abordaje y tratamiento del debate de la crisis de la política, las instituciones y los actores, tendríamos que entender a esta última, de acuerdo con González Hernández, "como mutación, como cambio; se trataría entonces de una importante alteración en el desarrollo de un proceso, que implicaría de forma insoslayable una transformación sustancial, relevante, de la situación en el que este se encuentra, con independencia del signo que adopte"[19].

Ahora bien, precisando más, asumiríamos que la crisis de la política estaría básicamente focalizada a una situación altamente compleja, en la que intervienen una gama de factores y condicionantes, que denuncian perturbación, desequilibrios, discordancia, ausencia de propuestas y salidas, junto a estados de angustia, traición, ineptitud y desanimo. La crisis de la política y de representación se produce porque la política profesional ha dejado de cubrir todos los temas políticos y tiende a desatender y dejar en la orfandad al ciudadano común, quien termina disociado y más aun canalizando sus expectativas por otros actores y lógicas.

En un sentido estricto, hay quienes argumentan que –cabría hablar que la verdadera crisis se da cuando, para una colectividad, se ha cometido

---

18   Así lo observa Enrique Bonete Perales (1995: 69-70), donde describe ampliamente el estado actual de la política y los principales cambios observados en estos últimos tiempos.

19   Véase Juan Carlos González Hernández, 1997: 36-37.

lo irreparable, cuando ha tocado fondo–. De todos modos, no necesitamos tocar fondo para darnos cuenta del sentimiento de inseguridad e incertidumbre que albergan los ciudadanos ante la política, la economía globalizada, la individualización sociológica y los padecimientos modernos (inflación, desempleo, stress, intolerancia, nuevas desigualdades, pandemias como el Covid-19, etc.).

Sin embargo, tendríamos que asumir, de acuerdo a los planteamientos de Jean-Paul Fitoussi y Pierre Rosanvallon, que aceptar que "en el malestar contemporáneo, la crisis que atravesamos es entonces indisociablemente económica y antropológica; es, a la vez, crisis de civilización y crisis del individuo. Fallan simultáneamente las instituciones que hacen funcionar el vínculo social y la solidaridad (la crisis del estado providencia), las formas de la relación entre la economía y la sociedad (la crisis del trabajo) y los modos de constitución de las identidades individuales y colectivas (la crisis del sujeto)"[20].

Fin o transformación de la política

En el último tercio del siglo XX y en las dos primeras décadas del siglo XXI, indudablemente, el mundo ha sido testigo de una serie profunda de cambios en el orden político, tecnológico, cultural, ideológico, humano. Las sociedades, en menor o mayor medida, han estado imbuidas en estas dinámicas reordenadoras y transformadoras, que asoman como rasgos distintivos el advenimiento de la democracia como valor y gobierno, el desarrollo de una ciudadanía y la consolidación de la sociedad civil como grupo organizado frente a la esfera estatal, asimismo, el arribo de la globalización de los mercados, con el imperativo de la tecnología y la comunicación. Y más recientemente el surgimiento de pandemias como el Covid-19 que trastocan absolutamente todo a nivel mundial.

Nos corresponde vivir en épocas y ciclos de cambio en una diversidad de ámbitos y esferas (donde la política no es ajena en lo más mínimo a estos procesos y dinámicas), por tal razón, la política a escala planetaria es parte de una suerte de metamorfosis en su interior, sus actores, sus lógicas, e incluso se llegó a plantear bien entrados los años noventa, que la política

---

20   Véase, al respecto, extensamente la introducción de libro de Jean-Paul Fitoussi y Pierre Rosanvallon, 1997: 11-17.

se debatía entre una situación de fin (de acuerdo a los planteamientos de algunos autores postmodernos), o más bien, de un claro proceso de reordenamiento y transformación, donde consecuentemente la política asume, en palabras de sociólogo chileno alemán Norbert Lechner, "nuevos perfiles" que es preciso decantar y explicar.

En el debate académico y extraacadémico planteado en los finales de los años noventa y décadas siguientes, se insiste mucho sobre el tema de los actores, las mediaciones, sin olvidar el peso y relevancia que comienzan a tomar en nuestras sociedades los medios, la televisión y posteriormente las redes sociales que indudablemente inciden y replantean a la política, la democracia y al ciudadano respectivamente. El gran teórico de los medios y las mediaciones Jesús Martín Barbero[21], quien ha seguido de cerca las principales transformaciones que experimenta la política, el espacio público y la propia democracia, ha precisado al respecto que "la centralidad ocupada por el discurso de las imágenes –de las vallas a la televisión pasando por las mil formas de afiches, grafitis, etc.–, es casi siempre asociada o reducida a un mal inevitable, a una incurable enfermedad de la política moderna", que a nuestro juicio se muestra incapaz de representar al ciudadano quien en última instancia se refugia en otros ambientes y espacios, fenómeno este que revela una de las principales mutaciones de la política y lo social en algunos contextos y sociedades.

Inequívocamente si algo define la contemporaneidad es precisamente la emergencia de fenómenos y procesos de cambio y trasformación, y más aún, las consecuencias que generan estos reordenamientos político-institucionales y societales en curso, tienen una multiplicidad de efectos transversales a nivel planetario donde las sociedades, la economía y la propia política gravita entre certezas e incertidumbres. Fernando García Calderón[22] precisa que la idea de incertidumbre social constituye un rasgo de nuestro tiempo y es cada vez más generalizada. Algunos de los rasgos más sobresalientes de estos procesos de complejización de lo social serían:

- El incremento de las brechas sociales en todas partes, no solo en términos interclasistas o intranacionales, sino también dentro de las diversas categorías socio-ocupacionales.

---

21   Véase Jesús Martín Barbero, 1998, 2001.

22   Véase detenidamente las observaciones que dicho autor esboza en su obra, 2002: 103-110.

- La pérdida de fuerza de los grandes movimientos colectivos, como el obrero, que parecen no poder ser remplazados. Más bien se desarrolla una tendencia hacia la fragmentación y el monismo en la acción colectiva. Paradójicamente, los actores sociales y políticos, a tiempo de multiplicarse también se debilitan.

- La percepción de un sentimiento generalizado de malestar subjetivo y cotidiano frente a los procesos de cambio. El lazo social tiende a debilitarse en todas partes y la crisis de los valores, entre ellos los de la sociabilidad, tolerancia y solidaridad, es trasversal en todas las capas sociales.

- La tendencia a la desaparición del centro social y la emergencia de sociedades policéntricas.

Además, la falta de confianza ciudadana en las instituciones políticas y en el Estado, sumada al deterioro de las libertades civiles y políticas, el surgimiento de una serie de males y amenazas (pobreza, terrorismo, narcotráfico, paramilitarismo, populismos de diverso cuño, corrupción, pandemias, etc.) nos esbozan un cuadro no muy esperanzador para las democracias latinoamericanas en los albores del siglo XX.

Ahora bien, cabría formularnos algunas interrogantes que son plausibles en la actualidad: ¿Podemos inferir que la crisis de la política implica simplemente despolitización? ¿En qué medida se cruzan fenómenos o movimientos de despolitización y repolitización? ¿Dónde queda la política? ¿Qué responsabilidad tienen las agencias y los partidos políticos en la situación actual? En fin, estamos en presencia de una transformación cíclica o más bien de una finitud de la política tal cual como la hemos conocido o, simplemente, lo que registramos en un franco proceso de reestructuración de los marcos y concepciones tradicionales de la política, con una gama amplia de facetas, fenómenos y situaciones.

Sin embargo, debemos partir de que frente a un componente de despolitización impulsado por una serie de fenómenos (globalización, auge del neoliberalismo, desarraigo, incertidumbre y demás), existe, como lo ha señalado Lechner de forma recurrente, una tendencia a la "informalización de la política... que acorta la distancia entre política y sociedad, pero simultáneamente provoca cierto vaciamiento de las instituciones políticas". Esto nos remite imperiosamente a mirar a los distintos lugares y las distintas formas de la política, para intentar discernir entre tendencias al alejamiento y al acercamiento entre política, la sociedad y los ciudadanos en nuestra América Latina como principal y más cercano laboratorio sociopolítico.

De manera que nos encontramos –sin caer en posturas apocalípticas– con un panorama un tanto desalentador. El final del siglo parece caracterizarse, entre otras cosas, señala Luis Salazar, "por un desprestigio generalizado de la política. La vertiginosa aceleración del tiempo histórico, la globalización de la economía, de los medios de comunicación y el aparente agotamiento de los marcos ideológicos que por largo tiempo dieron sentido y horizonte a los actores e instituciones políticas, han dado paso a una situación en la que la incertidumbre, la complejidad y la falta de puntos de referencia más o menos universales, promueve no solo el vaciamiento de sentido de las prácticas y organizaciones políticas tradicionales, sino también la irrupción de cinismos y fundamentalismos que expresan, sobre todo, la exasperación y el hartazgo frente a la política y a los políticos en general"[23].

Ahora bien, no podemos perder de vista que a partir de lo observado debemos producir explicaciones y sobre todo una concepción que no idealice a la política, pero que tampoco la reduzca a mero pragmatismo o la satanice. Debemos estructurar una propuesta intermedia que reconozca la autonomía de la política como esfera, como espacio público y ciudadano, pero también que no deje por fuera el carácter problemático y de tensión que la política asume en la actualidad internamente y con otras esferas.

Hablar de crisis significa dirigir nuestra mirada y análisis a un periodo o situación en donde se agotó una forma histórica determinada, sin que se haya todavía propuesto una nueva, dándose una mezcla o hibridación –diría Garretón apoyándose en Antonio Gramsci– entre "lo viejo que no acaba de morir" y lo "nuevo que no acaba de nacer". Sin embargo, creemos que no podemos hablar de un fin de la política como señalan algunos autores postmodernos. Lo que no podemos perder de vista, y es casi una constante, es que donde la política es precaria las sociedades y pueblos retroceden e incluso pudiendo reincidir en ciclos prepolíticos y de barbarie.

La crisis aparece como un momento de transición y de disputa naturalmente entre órdenes y actores, lo que desmiente la visión de algunos autores que relacionan la crisis de la política con el fin de la política. No perdamos

---

23   Luis Salazar nos ilustra enormemente este proceso de anomia y crisis que asume la política en estos últimos tiempos. Para una mayor profundización véase detenidamente su ensayo, 1997: 103-119.

de vista que siendo la política una manifestación del conflicto social y de la lucha por el poder, no se acaba, y por lo que se ve no se va a acabar. La tesis postmoderna y apocalíptica del "fin de la política" o del "adiós a la política" tiene su origen en una afirmación superficial de algunos autores y corrientes cerradas y conservadoras que sentencian y propugnan un fin del sujeto, un fin de la política y del Estado.

De manera que algunos analistas y escritores tienden a confundir al conjunto de procesos y tendencias observadas —las cuales indudablemente indican un agotamiento de la política— con un fin o proceso terminal de la política. Jamás puede confundirse dicha situación de minusvalía y deterioro de la política con una crisis terminal. La política inequívocamente se está transformando y sus rasgos y manifestaciones así lo dejan ver. Y ni que decir de las mutaciones y cambios a diversas escalas que está produciendo la presencia de la pandemia mundial del Covid-19 (Innerarity, 2020b), que solo en el año 2020 trastoca desde las concepciones de tiempo, espacio, trabajo, pasando por la educación, las industrias, el teletrabajo hasta las finanzas, la productividad, la política, la salud y el ciudadano común.

La política asume una especie de metamorfosis. Si por un lado se llama mucho la atención sobre su deterioro y vaciamiento, por otro lado, se insiste en el imperativo de contar con una política mínima, una política normativa, guiada por unos principios elementales que logren reordenar a la sociedad y fundamentalmente a los ciudadanos carentes de una "buena política". La política debe reasumir su papel y mostrarse tal cual es, sin opacidades, sin engaños y con un importante contenido social y humano como imperativo en el momento actual. Se postula una política con rostro humano, con valores ciudadanos asociados a la reciprocidad, el pluralismo, la tolerancia, el encuentro y la diversidad.

La política entre la fe y el escepticismo

La ambigüedad de la política democrática fundada en el carisma del líder, parece vinculada con la conocida caracterización, que oportunamente nos proporcionara hace algunos años Michael Oakeshott, estableciendo claramente la distinción entre una política de la fe y una política del escepticismo, como dos posiciones polares que identifican a la política democrática, proyecto y actividad, esta última que integra y contiene ingredientes de redención y pragmáticos al mismo tiempo. De aquí que la propuesta populista tienda en todos los casos a adoptar características mesiánicas, tanto en el nivel del discurso movilizador de la masa del pueblo, como en el de la práctica del gobierno providencial[24].

Tendríamos así que, según Oakeshott, "en la política de la fe las decisiones y las actividades políticas pueden entenderse como respuesta a una percepción inspirada de lo que es el bien común, o bien, como la conclusión que se sigue de una argumentación racional; pero jamás podrán entenderse como un recurso temporal o como algo que se hace simplemente para que las cosas sigan su curso ... la política de la fe entiende el acto de gobernar como una actividad ilimitada; el gobierno es omnicompetente"[25].

Así, una política fundada en la fe requerirá siempre la movilización entusiasta y la creencia en la capacidad del ser humano para cambiar radicalmente el mundo, de modo tal que todas las barreras de naturaleza jurídica, económica, por ejemplo, serán percibidas como obstáculos que es preciso descartar[26]. Por el contrario y según Oakeshott, la política del escepticismo: "tiene sus raíces en la creencia radical de que la perfección humana es una ilusión o en la creencia menos radical de que sabemos demasiado poco de sus condiciones como para que resulte aconsejable concentrar nuestras energías en una sola dirección, asociando su búsqueda a la acción del gobierno (...) La búsqueda de la perfección es demasiado importante como para ceder su control y dirección a un grupo que por argumentos de sangre, fuerza o elección ha adquirido el derecho de llamarse 'gobernante'"[27].

De aquí que una política democrática abandonada, como señalara Alfredo Ramos Jiménez al escepticismo, deja una gran parte de las cuestiones importantes sin resolver, pero en todo caso, representa "un medio para reducir y acomodar las tensiones gracias a instituciones y procedimientos apropiados. Desde este punto de vista el Estado de derecho es un concepto central y fundamental"[28]. Contrariamente, una política asumida como creencia y convencimiento en las potencialidades del pueblo conducido por el líder carismático, tiende a desentenderse del derecho, puesto que el líder

---

24   Véase Alfredo Ramos Jiménez, 2002b: 21-22. Además, Michael Oakeshott, 1998.

25   Michael Oakeshott, 1998: 54.

26   *Cf.* Yves Mény e Yves Surel, 2000: 30.

27   Michael Oakeshott, 1998: 59-60.

28   Véase Alfredo Ramos Jiménez, 2002b; asimismo las consideraciones de Yves Mény e Yves Surel, 2000: 30-31.

pasa a convertirse en el único intérprete, tanto más que cuenta para ello con la confianza y lealtad del pueblo gobernado.

En la práctica democrática esas dos concepciones de la política tienden a ajustarse o combinarse de acuerdo con el nivel que ha alcanzado el conflicto social. En sociedades muy desiguales como las latinoamericanas o como la venezolana, la "política del escepticismo" ha encontrado siempre grandes dificultades para imponerse como la política normal de las prácticas democráticas. Por el contrario, el surgimiento de caudillos y líderes carismáticos, al igual que los excesos de un presidencialismo fuertemente personalizado, han marcado significativamente la actividad democrática tanto en el gobierno como en la oposición, traduciendo con ello la disociación entre el ideal democrático proclamado y una práctica política plagada de contenidos antidemocráticos que en los últimos años se ha acentuado. Es por ello que la democracia debe volver a plantearse y replantearse, que en nuestro caso resulta ser un proceso inacabado de democratización pendiente.

Pragmatismo y utopías

La política atraviesa momentos inciertos que la afectan y, en muchos casos, la transforman como actividad noble y engrandecedora que ha sido, de manera que paralelo a la transformación de la política, la democracia asume en ciertas sociedades y contextos una serie de desafíos. Parte de los extravíos actuales, es que la democracia al igual que la política también fue sometida a procesos diversos que la han socavado, quedando reducidas a una rutinas electorales cada vez más vacías y que se presentan como rituales y pragmatismos muy alejados del verdadero sentido de la política y la democracia.

Frente a los dilemas registrados donde la política se vacía, se instrumentaliza y se pragmatiza, requerimos formular algunas críticas por un lado, pero paralelo a esto urgen proponerse una serie de utopías que de alguna forma devuelvan las esperanzas a los ciudadanos y, más todavía, sirvan para la proyección de una sociedad mejor con unas instituciones y actores que transfieran arraigo, certeza y que inviten, por tanto, a hacer política y a asumir una verdadera condición de ciudadanos en nuestras neodemocracias latinoamericanas.

La decadencia de las instituciones y del sentido de colectividad y comunidad, pudieran ser expresiones, no únicamente de un retroceso o repliegue hacia el llamado "individualismo", "cultura de yo", más todavía, pudiéramos hablar de la desvalorización moral del sentido de la política, de la cosa y espacio público, como innovación y mutación definitoria del fin de *siclé*.

Las circunstancias demandan la presencia de nuevas utopías o de una emancipación que persigan y se transformen en una recuperación de las creencias, certezas y sentidos de pertenencia y espíritu público. Frente a los tiempos y ciclos de frustración y disociación ciudadana nos corresponde apostar a nuevas virtudes ciudadanas y, por supuesto, a un papel más responsable, activo e incluso ético de los actores políticos sin distingo alguno en el sentido en que todos son parte del rompecabezas democrático que requiere rearmarse.

Nuestras democracias deben relanzar sus ideales, sus utopías, si bien "el concepto de utopía es un concepto ambiguo, polémico y, por tanto, entra de lleno en el terreno de la retórica y por ende su uso retórico es insalvable"[29], creemos y nos referimos a las utopías para catalogar un determinado proyecto, propuesta o incluso doctrina. En este sentido, la crisis que asume la política requiere de la formulación de nuevos proyectos y propuestas de tipo ciudadano y colectivo, y por sobre todo como una posibilidad de pensar la política de manera distinta, con nuevos elementos y contenidos que la hagan recobrar su papel representativo y ductor en toda sociedad democrática frente a los vacíos en que muchas veces incurre.

La política no puede ser un mero reflejo o la simple expresión de unas preferencias o decisiones ajenas a la ciudadanía, sino precisamente un complejo proceso articulatorio y múltiple donde se encuentran simultanea y paradójicamente diversos valores, intereses, identidades, prácticas, instituciones, procedimientos que son los que en la contemporaneidad requieren repensarse, tonificarse y articularse entorno a proyectos que reivindiquen la igualdad, la participación, la deliberación, la tolerancia.

---

29   Véase Tomás Domingo Moratalla, 1998: 389-440.

> *El agotamiento de la política y de la democracia, se evidencia desde el momento en que los partidos políticos y con ellos sus cuadros y clase política, no vislumbran el malestar presente en el funcionamiento de la democracia. La crisis de nuestro modelo democrático se expresa en el declive de nuestros actores y consecuentemente lo que es peor, la ausencia de propuestas y alternativas institucionales que permitan la recuperación de la salud, credibilidad y funcionalidad de los actores y del sistema en su conjunto.*

— JOSÉ ANTONIO RIVAS LEONE, 2002

> *La palabra progreso está actualmente bajo sospecha, pero la idea que engloba es inherente al proyecto democrático. Y el resultado está ahí: los habitantes de los países democráticos, aunque a menudo están insatisfechos con sus circunstancias, viven en un mundo más justo que los de los demás países.*

— TZVETAN TODOROV, 2016

CAPÍTULO 2

LOS DESAFÍOS DE LA POLÍTICA

La mutación de la política tradicional y la despolitización ciudadana

Se ha señalado reiteradamente que el agotamiento de la política y de la democracia, tiene su origen y se evidencia también desde el momento en que las instituciones sostenes del régimen y, especialmente, los partidos políticos y con ellos sus cuadros y clase política, no vislumbran el malestar presente en el funcionamiento de la democracia y en la manera de hacer política, cuestión esta que tiene un impacto en los ciudadanos, generándose situaciones diversas que pueden gravitar entre la despolitización y desarraigo hacia la política y los actores tradicionales, y en ciertos casos incluso hacia la democracia representativa.

A las ciencias sociales y políticas nos corresponde analizar e interpretar, según Benedicto y Reinares, que "el perceptible alejamiento del ciudadano medio respecto a la política institucional tiene, asimismo, mucho que ver con las crecientes dificultades de los partidos políticos para seguir siendo canales eficaces de trasmisión de demandas e intereses actuales de los diferentes grupos sociales"[30].

Asimismo, la despolitización observada en algunos países de América Latina en los noventa, entre ellos Venezuela, obedece naturalmente a una

---

30   Jorge Benedicto y Fernando Reinares, 1992: 24.

mutación o ruptura entre la política y los ciudadanos, a una alteración en los procesos de socialización política y, fundamentalmente, a un rechazo de los actores tradicionales, tanto clase política como partidos políticos. Tendríamos así que la descomposición de los actores y de la política respectivamente, se produce o va aparejada de una nueva cultura política, sino al menos del fenómeno de la despolitización, desencanto y más radicalmente rechazo por parte de los ciudadanos, e incluso actitudes propensas de apoyo a nuevos actores (caudillos, militares, populistas, *outsiders*)[31].

La crisis del modelo democrático se expresa así en el declive de nuestros actores y, consecuentemente, lo que es peor, en la ausencia de propuestas y alternativas institucionales que permitan la recuperación de la salud, credibilidad y funcionalidad de los actores y del sistema en su conjunto, trastorno este que deja abierta una serie de alternativas y posibilidades no institucionales y en ciertos casos, incluso, reñidas para los ciudadanos y el sistema, dado que sus coordenadas y ejecutorias prescinden de las reglas y códigos estrictamente democráticos como el respeto y valoración del pluralismo, la tolerancia, la diversidad de grupos e ideas.

Basta ver los niveles regresivos que ha experimentado la democracia en Venezuela en algo más de dos décadas, donde sobresale un deterioro del entramado democrático, un Estado de derecho precario por no decir ausente, una democracia híbrida y cada vez más desdibujada con presencia de rasgos autoritarios y totalitarios, sin olvidar el sostenido proceso de militarización de la política venezolana durante el gobierno de Chávez y Maduro respectivamente, en paralelo a un deterioro generalizado del país nacional expresado en miseria, desempleo, hiperinflación, la destrucción de sus industrias, campos y servicios públicos al extremo de calificar a Venezuela como una "crisis humanitaria compleja" en 2019 y con tendencia al agravamiento por efectos de la pandemia mundial el Covid-19.

---

31 Basta revisar las estadísticas y cifras de las elecciones celebradas en las últimas dos décadas en países como Venezuela, donde la abstención pasó de un promedio cercano al 15% durante décadas a más del 50%, pero además pudiésemos interpretar otro dato estadístico, el que corresponde con el porcentaje de inscritos o militantes que los partidos tienen, en los que se observa un descenso en los niveles de afiliación. Ambos valores o estadísticos revelan ciertamente un estado de descontento o desarraigo de los ciudadanos y electores hacia la política y actores tradicionales, al menos en la experiencia venezolana que tiene correlatos en países vecinos. Véase Luis Montilla, 2001, 2007.

Con Gurutz Jáuregui tendríamos que advertir hasta qué punto el aumento considerable de los índices y niveles de abstención electoral, aunado a una suerte de reducción o privatización de la política, el estrechamiento de lo público entre otros, expresan el descontento y cuestionamiento hacia las organizaciones partidistas, no tanto de la organización en sí como de su "forma de hacer política" y de la política misma como instancia degrada en América Latina.

En los años recientes nos encontramos y registramos situaciones muy diversas que dejan muy mal parada a la política y a democracia representativa como proyecto. Asimismo, observamos como nunca antes un debilitamiento innegable del tejido institucional, la erosión de los mapas y guías que integran nuestra cultura política, aunado a la presencia en toda la década de los noventa y siguiente de un clima antipartidista que nos es más que un proceso más amplio de desinstitucionalización[32].

Un ejemplo de ello lo constituyen, en esta etapa regresiva de los años noventa, países como Perú, Venezuela y en menor medida Brasil y México, en los que con mayor o menor fuerza se evidencia una pérdida importante y debilitamiento apreciable del sistema de partidos y, especialmente, del partido político como actor principal del juego democrático y como máximo interlocutor entre la sociedad civil, el Estado y de la propia democracia representativa. De manera que la década de los noventa representa para algunos países de América la desinstitucionalización de los partidos y sistemas de partidos, por un lado, y la institucionalización de la antipolítica a través de nuevos actores y estilos, por otro.

Cabe precisar que los diversos fenómenos registrados están interrelacionados, entre ellos la crisis de los actores tradicionales, desencanto, despolitización, nuevas formas de hacer política y el distanciamiento de

---

32   Utilizamos el concepto de *instituciones* a partir de la aproximación de Guillermo O'Donnell: "Por institución entiendo un patrón regularizado de interacción que es conocido, practicado y aceptado (si bien no necesariamente aprobado) por actores que tienen la expectativa de seguir interactuando bajo las reglas sancionadas y sostenidas por ese patrón. Como señalan las perspectivas sociológicas, las instituciones suelen darse por descontadas, en su existencia y continuidad, por quienes actúan con y a través de ellas. Las instituciones 'están allí', regulando expectativas y comportamientos que no cuestionan su existencia socialmente dada". Véase O'Donnell, 1996. Particularmente sobre la desinstitucionalización de los partidos políticos en Venezuela, véase ampliamente el estudio de José Antonio Rivas Leone, 2008. Ampliamente Scott Mainwaring, 2008.

la esfera pública y por ende la retirada del ciudadano a la esfera privada, por lo menos en lo que a los años noventa respecta en los países andinos y algunos de América Latina[33].

Por otra parte, frente al debate generalizado de la crisis de nuestras organizaciones partidistas y su eventual transformación, que es algo emblemático o significativo de la época, hay quienes plantean la necesidad de buscar al interior de la teoría de los partidos políticos una crítica democrática de los partidos políticos, precisamente en esta etapa de desencanto[34], dirigida a buscar aquello que es disfuncional en dichas organizaciones. Es decir, se trata de precisar cuáles son aquellas disfunciones y déficit en materia de mediación, canalización, representación y socialización, funciones que por lo demás acusan una merma y deterioro de forma emblemática en lo que a la realidad de Venezuela se refiere, y es lo que explicará en parte la emergencia del fenómeno Chávez.

Lo cierto del caso es que a partir de un diagnóstico sobre lo disfuncional de los partidos al interior de la democracia (sin ánimo de establecer metas ni objetivos), podremos corregir las desviaciones y distorsiones a las que haya podido llegar el sistema de partidos. Esto presupone además de la crítica, una labor de ingeniería política[35], que ayude a establecer correctivos de las instituciones, a fin de que las mismas sean más eficientes en la respuesta

---

33 Alfredo Ramos Jiménez (2016: 193) ha precisado con rigurosidad que "la década de los 90 representa para los países andinos, la del comienzo de un proceso de desestructuración partidista, fenómeno que va paralelo con un cierto estrechamiento del ámbito de la política: una crisis política va yuxtaponiéndose a la ya larga crisis económica, afectando profundamente al endeble entramado institucional de una democracia en construcción".

34 Véase Innerarity, 2015. Ampliamente Alfredo Ramos Jiménez, 2016: 181-206. Además, Juan Carlos González, 1997; Klaus von Beyme, 1995; Jorge Lazarte, 1998; José Antonio Rivas Leone, 2002a.

35 Hay quienes postulan que la reforma de los partidos requiere contar con organizaciones más horizontales y menos verticales, más amplias y modernas en su organización, composición y desempeño. Es decir, una forma de partido más flexible capaz de interpretar las demandas sociales, en sintonía total con la opinión pública, de manera que los partidos adquieran legitimidad social en su quehacer público y las aspiraciones sociales adquieran concreción política, reactivando los canales de comunicación y de influencia recíproca natural entre la política y la sociedad respectivamente. Alrededor del estudio de los partidos destacan los aportes valiosos y debates de Richard S. Kartz y William Crotty, 2006; Herbert Kitschel, Herbert, Kirk A. Hawkins, *et al.* 2010; José Ramón Montero, Richard Gunther y Juan J. Linz, 2007. Además, alrededor de América Latina véase ampliamente Alfredo Ramos Jiménez, 2015.

que tienen que dar a la demanda social, acompañado de una necesaria re-valorización de la política, de las instituciones y los liderazgos frente a las variopintas alternativas de tipo populista, antipolítico y antipartido como alternativas frente a la política democrática.

La desafección política

El término "desafección política" es un término relativamente nuevo, que ha sido trabajado últimamente por la sociología política, la sociología electoral y la ciencia política para explicar parte de los trastornos y los estados de ánimo, disposiciones, confianza y desconfianza, respectivamente, de parte de los ciudadanos hacia la política, los actores políticos y la democracia. Una primera aproximación asumiría a la desafección política en primer lugar como una actitud anormal o irregular, pues lo natural es que los ciudadanos participen activamente y tenga cierto afecto y valoración por la política y lo político.

Seguidamente, y precisando un tanto más, definiríamos a la desafección política de acuerdo a Torcal, Montero, Gunther y otros "como el sentimiento subjetivo de ineficacia, cinismo y falta de confianza en el proceso político, políticos e instituciones democráticas que generan distanciamiento y alienación pero sin cuestionar la legitimidad del régimen político"[36].

Debe notarse que este concepto difiere de otros utilizados anteriormente por parte de los sociólogos y politólogos, particularmente empleado para describir un fenómeno actitudinal que presupone, según Mariano Torcal, sentimientos y estados de "alienación política, crisis de confianza, cinismo político y disenso político, pese a que muchas veces estos se han utilizado de forma intercambiable y se han medido con indicadores semejantes". Los conceptos mencionados, a diferencia de la desafección política, sugieren una crisis de legitimidad del sistema democrático. La desafección política, es independiente del grado de apoyo al régimen, no constituye, por tanto, un indicador del mismo, y tiene consecuencias actitudinales diferenciadas[37].

Lo que vale la pena destacar o hacer énfasis es que la desafección es una estado o actitud que se ubica en un nivel macro, dado que la desafección

---

36 Véase ampliamente Montero, Torcal y Gunther, 1998. Además, Luis Montilla, 2007: 93-124.

37 Véase Mariano Torcal, 2001: 233. Además, José Ramón Montero, Mariano Torcal y Richard Gunther, 1998.

está asociada inequívocamente a sentimientos de alienación y rechazo de la política, y no a una determinada gestión o proceso político, claro está, que una mala gestión o proceso político, aunado a otros elementos valorados y evaluados negativamente pueden estimular una mayor desafección hacia la política. La desafección está íntimamente referida a la identificación y el grado de confianza del ciudadano con la política, las instituciones y naturalmente sus representantes, los niveles de eficacia de la política y las instituciones, consecuentemente.

Por tanto, la desafección observada en muchos ciudadanos de nuestras sociedades latinoamericanas, no es más que un proceso de divorcio de estos últimos para con la política y las instituciones, valoradas negativamente como incapaces, ineficientes y poco confiables. Pudiéramos decir que la desafección depende o está ligada a la calidad de la política, los resultados de la democracia y el nivel de certidumbre de parte del ciudadano común hacia su sistema político y entramado institucional.

Según el Informe del Barómetro de las Américas (2018), se evidencia el aumento en la desafección a la democracia en los países latinoamericanos, esto implica el incremento de la insatisfacción de los ciudadanos respecto al significado, alcance y funcionamiento de las democracias. Es preciso señalar que el informe del latinobarometro mide básicamente dos aspectos claves para la democracia, por un lado, la percepción ciudadana respecto al funcionamiento o desempeño de los regímenes democráticos y, por otro, el apoyo o respaldo para este tipo de regímenes. En tal sentido, al comparar los resultados desde 2010 hasta el informe de 2018, se puede constatar una tendencia de disminución del funcionamiento y consecuente respaldo a las democracias latinoamericanas, lo cual, de entrada, crea interrogantes relacionadas con las razones que dan origen a este tipo de resultados asociados al deficiente desempeño de los partidos y clase política, produciendo indiferencia, abstención y desafección de los ciudadanos hacia las democracias en nuestros países latinoamericanos.

En tal sentido, toda iniciativa de resocialización y politización del ciudadano con la política, pasa primeramente por una suerte de saneamiento de esta última, en el entendido que dicho proceso constituye una actividad que debe desembocar en lograr que la política sea más eficiente, más trasparente, incluyente y deliberativa, desarrollada sobre unos códigos y pautas elementales que le devuelvan su atributo de virtud, servicio y nobleza. Por otro lado, y seguidamente, se requiere de un entramado institucional, unos procedimientos y unas organizaciones modernas, que respondan eficiente-mente al conjunto de demandas que una determinada sociedad formula a sus autoridades y representantes.

La antipolítica

La antipolítica debe ser abordada antes que nada como negación y cuestionamiento de la política tradicional, o como situación de anormalidad y descontento hacia la política institucional, dado que esta última ha negado la posibilidad de participar y deliberar a los ciudadanos. Además, es frecuente que la antipolítica presupone una suerte de personalización de la política y del ejercicio del poder de forma plebiscitaria y a veces autoritaria en detrimento o menoscabo de la política institucional como política tradicional.

Por otra parte, dicho proceso de transformación va acompañado del surgimiento y avance de un conjunto de organizaciones y tendencias que persiguen un cambio en la forma de hacer política y que, en cierta medida, han intentado llenar ese vacío canalizando las distintas demandas de una sociedad civil. Se ha insistido lo suficiente que los partidos políticos han tenido una gran responsabilidad en las situaciones de crisis registradas en países como Perú, Venezuela y hasta Bolivia, precisamente porque no entendieron la profundidad de su aislamiento en ciertos casos, y por lo mismo, no hicieron mucho para reconstituir sus vínculos con los electores, modificando sus comportamientos a fin de democratizar sus estructuras.

En América Latina encontramos que el avance de distintos movimientos y de candidatos antipolíticos se ha dado tanto en aquellos países que contaban con partidos y sistemas de partidos estables y organizados, como en Colombia y Venezuela, también en aquellos países con partidos y sistemas de partidos fragmentados, débiles y desorganizados como Perú, Bolivia, Ecuador y Brasil. La antipolítica, como nueva forma de hacer política se encuentra a la ofensiva en muchos de nuestros países, aprovechando la situación de cuestionamiento de los actores, expresándose entre otras cosas como "una reestructuración de los universos y prácticas políticas... en el sentido en que se redefine la relación entre los ciudadanos y la política".

La llamada antipolítica está también referida, en sus grandes rasgos, a todas aquellas prácticas y mecanismos que manifiestan vocación de actividad pública, de intervención y redefinición de los espacios políticos, es decir, la antipolítica está presente en toda movilización que en procedimientos o contenido actúa en una línea diferente de la marcada por la política institucional[38].

De tal modo que la antipolítica, como lo ha destacado René Antonio Mayorga[39] en su estudio comparativo de Bolivia, Brasil y Perú, se desarrolla paradójicamente como una forma de hacer política que pretende no solo prescindir de los partidos políticos, sino también pone en cuestión las pautas predominantes del quehacer político de los partidos políticos y gobiernos democráticos.

Asimismo, no debemos perder de vista que en países como Bolivia, Perú, Brasil y Venezuela, el surgimiento de candidatos *outsiders* o extra-partido y el impacto de los mismos en la nueva política latinoamericana ha coincidido con una situación de crisis económica, de ingobernabilidad y de cuestionamiento de las élites políticas. El avance de la llamada antipolítica como nueva política coincide con una suerte de 'fatiga cívica' del propio sistema. En tal sentido, esta situación ha provocado el surgimiento de *outsiders* en casi toda la región, dentro de un espectro político caracterizado por la confusión, el descrédito de los partidos políticos y el agotamiento de las instituciones democráticas[40].

El avance de la antipolítica revela la transformación de la política y la presencia de una nueva cultura política, en la que la política como instancia privilegiada de representación y coordinación de la vida social se ha vuelto problemática, y como instancia central de lo social tiende a desvanecerse[41]. Por consiguiente, creemos que este fenómeno exige un replanteamiento de

---

38   *Cf.* María Funes Rivas, 1995: 122.

39   *Cf.* René Antonio Mayorga, 1995: 33.

40   La gran paradoja de la antipolítica y de los liderazgos emergentes, como Hugo Chávez Frías o Nicolás Maduro en el caso de Venezuela, es que han terminado siendo peor el remedio que la enfermedad. Más aun, sumergieron a Venezuela es una crisis sin precedentes, lo que tanto le imputaron a la democracia representativa y al bipartidismo tradicional lo han reproducido exponencialmente a niveles nunca antes registrados, donde destacan daños institucionales, patrimoniales, humanos y económicos, al extremo que Venezuela ha sido calificada desde el año 2019 como una "Crisis Humanitaria Compleja". Véase al respecto ampliamente "Venezuela en la encrucijada. Retos y amenazas de la democracia venezolana post Covid-19", en José Antonio Rivas Leone, 2020: 210-232.

41   Véase Alfredo Ramos Jiménez, 1999a; Norbert Lechner, 1996a, 1996b, 1996c; José Antonio Rivas Leone, 2002a; José Ramón Recalde, 1995.

lo público y lo privado, sobre todo, demanda reformulación en la tarea de repensar la política a fin de retomar y reexaminar sus contenidos[42].

Por consiguiente, nuestro planteamiento gira en torno a diversos temas y procesos que viven las democracias latinoamericanas en nuestros días. Trátese de los cambios en las formas de hacer política debido al surgimiento de nuevos actores, sin olvidar que "la creciente reducción en los niveles de participación electoral y el auge de candidatos nuevos o emergentes, deben ser interpretados como indicadores de una pérdida de confianza en los políticos tradicionales y, por ende, en una situación de desencanto político"[43], que junto al llamado estado o situación de "privatización de la política", conforman una situación de "divorcio entre la política y la ciudadanía" (Auger, 1996). Ello expresa la disolución de la cohesión social, la crisis de las identidades, el repliegue en lo privado y el individualismo, entre los procesos más sobresalientes en estos últimos años.

Recapitulando, tendríamos que la antipolítica constituye un fenómeno relativamente de reciente data en la región, que engloba un conjunto de prácticas políticas que se caracteriza ante todo por una ruptura con lo tradicional y con la actividad que desplegaban los partidos políticos y los políticos profesionales[44]. Por ello, en gran medida observamos el apego a estilos, prácticas y conductas de corte antipartido y, en algunos casos, antisistema,

---

42   Véase el escrito *Confines de lo político. Nueve pensamientos sobre política* de Roberto Espósito, 1996: 13-37, donde presenta unas cuantas ideas que retoman los principales temas de la política, la misma que se presenta hoy como una instancia polémica, caracterizada por una diversidad de posiciones, que tienen en común poner en entredicho el lugar y centralidad de la política, y con ella sus centros explicativos como el Estado, la cultura, la democracia y sus instituciones, entre otros. La política debe ser repensada radicalmente y no sólo reinterpretada a la vista de las circunstancias actuales. Además, José Antonio Rivas Leone, 2000a; 2020.

43   *Cf.* Nolte, 1995: 159.

44   María Funes Rivas (1995), sostiene que uno de los caracteres que definen todas estas manifestaciones diversas que aquí calificamos de antipolítica o nueva política, es que precisamente se articulan tomando como referente negativo a la política convencional, fundamentalmente la política de partidos ... por otra parte la crítica a la actividad tradicional, clásica y/o forma convencional de hacer política a través de los partidos no es necesariamente la única, también la antipolítica cuestiona a otros actores de la política entre ellos la clase política y los anteriores movimientos sociales y políticos. A juicio de Cesar Cansino (1997), la antipolítica, más que un descontento con la política institucional, se refiere a un rechazo de la política institucional en la medida en que esta niega a los ciudadanos la discusión, el debate, su participación en el espacio público-político.

desarrolladas por los *outsiders* y nuevos caudillos de la política. Justamente, nuestra reflexión se orienta al estudio de tales prácticas, consideradas antipolíticas, teniendo como premisa el hecho de que la política de la antipolítica supone una revisión de la concepción de las pautas, comportamientos, mecanismos, actores, temáticas y, en fin, de la propia cultura política.

Si admitimos que la antipolítica es un modo alternativo de hacer política, que en nuestro medio latinoamericano se manifiesta principalmente a través del cuestionamiento de los actores tradicionales, inclusive asumiendo en algunos casos posiciones antisistémicas, en otros contextos, como el europeo, la antipolítica se expresa de forma más enérgica y a través de los movimientos separatistas, de extrema derecha, neonazis incluso mediante el resurgimiento de los nacionalismos beligerantes[45].

En consecuencia, el análisis de nuestra realidad, nos obliga a redefinir las visiones tanto del pasado como del futuro en relación con la política latinoamericana, en donde precisamente encontramos un escenario confuso y cambiante, en el que observamos el avance de nuevos actores que implican todo un replanteamiento en las maneras de concebir y hacer política.

En cuanto al discurso político, antipolítico y neopopulista de los nuevos actores, este se caracteriza por un fuerte contenido emotivo y mesiánico, por un lado, así como por una posición netamente de crítica y cuestionamiento de la institucionalidad tradicional, por otro. No olvidemos que una de las funciones de dicho discurso radica en la polarización de la gente con respecto a la política establecida, fundando así una estrecha relación entre los actores y el colectivo que, aprovechando el desencanto hacia las estructuras partidarias, se presenta a los *outsiders* como una alternativa con cierta aceptación y viabilidad[46].

La antipolítica se presenta como la nueva política o política revisionista, en el sentido de proponer transformaciones y cambios en las formas tradicionales de hacer política, lo cual implica el cuestionamiento de aquellas

---

[45] La política y la democracia se encuentran en plenos procesos de transformación y adaptación a la sociedad calificada de riesgo, global y compleja actual. Véase Daniel Innerarity, 2020a; Tzvetan Todorov, 2016; Zygmunt Bauman, 2003; Ulrich Beck, 1999; María Funes Rivas, 1995; René Antonio Mayorga, 2008.

[46] A juicio de Marcos Novaro, en América Latina en la mayor parte de los casos, los nuevos líderes de la región no se destacan por su vocación para crear y fortalecer instituciones, todo lo contrario, dirigen fuertes críticas hacia estas y en algunos casos apuntan a su disolución. *Cf.* Novaro, 1996: 100.

formas preexistentes y cotidianas[47], que tienen como fundamento la presencia protagónica de los partidos políticos. De allí que los nuevos caudillos y líderes antipolíticos, aparte de cuestionar duramente a los partidos políticos y a la clase política o *"establishment* tradicional", difícilmente cuentan con el apoyo de verdaderos partidos, a lo sumo cuentan con el apoyo de pequeños movimientos, que en su mayoría nacen en plenos procesos eleccionarios, como de hecho ha sucedido con el PRN (Collor de Melo) en el Brasil, Convergencia (Caldera) y el MVR (Chávez) en Venezuela, Cambio 90 (Fujimori) en el Perú, Movimiento Revolución Ciudadana o Alianza País (Correa) en Ecuador o Condepa (Palenque) en Bolivia.

Asimismo, observamos que junto al neoliberalismo característico de los 90, impulsado en la mayoría de los países latinoamericanos, con sus respectivas reformas y efectos en nuestras sociedades, se dieron las condiciones para el surgimiento de líderes políticos, provistos de discursos emotivos, muy críticos de las instituciones políticas tradicionales y que movilizan porciones altas del sufragio, al mismo tiempo que promueven programas de gobierno de tipo liberal. De aquí que hayan sido calificados bajo la forma o categoría de nuevos liderazgos[48] o como la encarnación de los "caudillos electorales de la posmodernidad"[49].

Ciertamente, el desfase entre los "nuevos" actores sociales y los "viejos" actores políticos se expresa en los primeros, como la práctica de una "política de la antipolítica", o de una política caracterizada por la desconfianza hacia la clase política (los políticos, los partidos políticos, las burocracias, los dirigentes partidarios y sindicales) a la que acusan de corrupción, compromiso con el sistema y traición al mandato popular[50].

---

47   Actualmente debido, entre otras cosas, a que los partidos han entrado en un estado de cierto rechazo y deslegitimación, podemos afirmar, coincidiendo con Enrique Zuleta Puceiro (1995), que asistimos a un tiempo donde observamos se rinde culto descarnado a la acción directa, el individualismo posesivo y la política-espectáculo, en una suerte de democracia directa sin estructuras ni mediaciones, en las que los individuos se imponen por sobre la cáscara vacía y sospechosa de las instituciones.

48   A juicio de Carlos Vilas, la distinción entre lo "nuevo" y lo "viejo" no tiene una delimitación tajante, más que nada observamos en los nuevos liderazgos la actualización de los estilos políticos de cierta duración en nuestra región. *Cf.* Vilas, 1994: 324. Por su parte, Víctor Durand sostiene que la distinción de nuevos líderes es para calificar a aquellos actores que lograron llegar al poder por fuera del sistema político. *Cf.* Durand, 1994: 352.

49   *Cf.* Vilas, 1994: 323.

50   *Cf.* Vilas, 1994: 331.

Por otra parte, la propia situación de cuestionamiento y rechazo de las formas tradicionales de la política, junto a la situación de contracción y agravamiento económico de muchas de nuestras economías, conforman el caldo de cultivo propicio para que el nuevo caudillo y unos cuantos generales sin tropa (líderes sin partido), como los llama Giovanni Sartori, incursionen en la política y, más aún, sean legitimados por buena parte del electorado descontento con los actores tradicionales que no han satisfecho sus demandas y expectativas ciudadanas.

En tales circunstancias tendríamos que asumir la premisa de Alfredo Ramos Jiménez, en el sentido de que el surgimiento de candidatos extra-partido y el impacto un tanto sorprendente de los *outsiders* que incursionan con cierto éxito en el terreno de la política, ha sido en nuestros países la respuesta a una suerte de fatiga cívica o cansancio, que se ha ido extendiendo como producto del desencanto provocado por la promesa incumplida de la democracia[51].

Además, hay una constante y está en que los *outsiders* en la política latinoamericana emergieron dentro de un espectro político caracterizado por la confusión, el descrédito de los partidos y el agotamiento de las instituciones (Ulibarri, 1993). Cabe destacar aquí ejemplos bastantes representativos, que ilustran el panorama de cambio y, por sobre todo, la emergencia de tales *outsiders*[52] a la cabeza de sus respectivos movimientos, representando

---

[51]   Ramos Jiménez, 2016, 1997.

[52]   La política de los noventa y décadas siguientes se definió como nueva política o política espectáculo, caracterizada por la innovación en cuanto a los líderes, prácticas, actores y mecanismos, junto a los líderes nacidos de las convulsiones de partidos tradicionales —Menem o Fernando de la Rua en Argentina— o de la quiebra de las oligarquías patrimonialistas —Collor de Mello en el Brasil—, surgen un nuevo tipo de protagonistas nacidos de la emergencia política de organizaciones diversas en todo el mundo, entre los casos emblemáticos figuran sindicalistas como Walesa en Polonia o Lula da Silva en el Brasil, figuras del cine como Reagan en Estados Unidos, del espectáculo o comedia como Vladimir Zelenski en Ucrania, empresarios como Berlusconi en Italia o Donald Trump en Estados Unidos, cantantes como Palito Ortega en Argentina o Rubén Blades en Panamá, exguerrilleros como Daniel Ortega en Nicaragua o el Tupamaro José Pepe Mujica en Uruguay, intelectuales como Vargas Llosa o diplomáticos como Pérez de Cuellar en el Perú, militares como Ollanta Humala en el Perú, Jair Bolsonaro en el Brasil o Hugo Chávez Frías en Venezuela, entre otros, son el resultado y expresión de procesos de crisis, reordenamiento político, de personalización y espectacularización de la política que inciden en los electorados algunos con logros y triunfos.

en todos los casos el gran desafió hacia las formas de hacer política provenientes de los partidos.

La despolitización, desafección y la antipolítica representan no solo una amenaza, sino la negación de la política democrática y uno de los indicadores más contundentes que nos revelan la necesidad de recuperar el tejido social, la apremiante tarea de repolitización de la sociedad civil como sujeto activo de la política y, consecuentemente, la recuperación de los papeles y roles ejercidos por las diversas organizaciones sociales y políticas (partidos, ONG, sindicatos, empresarios, grupos diversos, etc.) en el funcionamiento de la democracia y el ejercicio de la política.

La política amenazada

La política en estos últimos lustros ha sido desnaturalizada y está asediada y amenazada por una serie de factores e imperativos de *tipo político*: el deterioro generalizado de los partidos y clase política, la corrupción, el neopopulismo y la antipolítica; de *tipo social y cultural*: la desconfianza, despolitización, fundamentalismos diversos; de *tipo económico*: pobreza, mayor exclusión social, cartelización de la política, entre otros. Sin embargo, la mayor amenaza a la política radica es el vaciamiento actual, la ausencia de contenidos y programas, y la correspondiente falta de apoyo que se traduce en rechazo de parte de la ciudadanía.

El retiro o abandono de la política, la huida al reino de lo privado, la presencia de una cultura del yo, el alejamiento en los ciudadanos de la sociedad y el incremento del individualismo dentro de sus imaginarios y prácticas, en fin, la distancia abrupta del ciudadano con la política constituye cuestiones que afectan y condicionan el horizonte de la política y de la propia democracia como instancias y proyectos a ser revalorizados frentes a los desmanes o alternativas de tipo autoritario.

Jean-Paul Fitoussi y Pierre Rosanvallon, pensando en el escenario actual europeo y las nuevas desigualdades y modos que definen a la política, han precisado muy oportunamente el hecho de que "hoy es de buen tono denunciar la gran miseria del medio político. Muchos factores alimentan esta actitud. Pero no hay que equivocarse de diagnóstico, sin embargo. En efecto, la función política nunca ha sido tan insoslayable en nuestra sociedad. Si se considera que la función de lo político es 'poner en forma' y 'dar sentido' a la sociedad, nunca fue tan necesaria como en nuestros días. En un momento en el que el modo clásico de organización del vínculo social se desmorona, es esencial, en efecto, retomar a esa función primordial de lo político"[53].

Registramos en todas partes, algunas más que otras, situaciones que bajo todo punto de vista representan una amenaza y reto para la política en la actualidad, en plena época (post Covid-19), sobre todo por la manera como inciden e impactan en los ciudadanos y en la sociedad respectivamente. Esas amenazas no solo provienen del interior de la política cuando esta se devalúa, se deteriora y deja de ser sinónimo de servicio y proyecto colectivo, generándose las mutaciones y divorcios entre los ciudadanos, entre otros fenómenos que definen la época contemporánea.

Por otra parte, tendríamos un conjunto de amenazas del exterior, nos referimos al terrorismo, las nuevas desigualdades, el surgimiento de religiones con una carga fundamentalista y xenofóbica importante, nuevas armas químicas de destrucción masiva, pobreza, miseria y el resurgimiento a escala mundial de los nacionalismos beligerantes y separatistas, por supuesto y más recientemente en pleno 2020, el brote de una pandemia mundial, el virus chino Covid-19 (Innerarity, 2020b), que produce daños y consecuencias en muchos órdenes. Unos y otros fenómenos tienden a rebasar a la política democrática y la ubican en un sitial poco alentador.

Además, es importante no obviar que en el período actual se han producido algunos cambios en las esferas sociales, económicas, políticas y culturales, todos estos cambios en su conjunto han creado formas singulares de interconexión regional y global, estas últimas son más extensas e intensas que nunca, por lo menos en lo que a periodos anteriores refiere, y que están poniendo en cuestión y reconfigurando las nuevas comunidades políticas, valores, sentimientos de pertenencia y, en particular, algunos aspectos del Estado moderno y de la propia democracia. Asistimos, por consiguiente, al advenimiento de una *Democracia Compleja* y de *la sociedad del riesgo* como lo han observado Daniel Innerarity, Ulrich Beck, Scott Lash, Anthony Giddens, Carlota Sole y Arjun Appadurai, entre otros[54].

---

[53]   Jean-Paul Fitoussi y Pierre Rosanvallon, 1997: 204.

[54]   Véase ampliamente Daniel Innerarity, 2020a; Tzvetan Todorov, 2016; Ulrich Beck, Anthony Giddens y Scott Lash, 1997; Carlota Solé Puig, 1998, 1997: 111-131. Arjun Appadurai, 2001.

Repolitización y nueva ciudadanía

Indiscutiblemente la política y la democracia acusan y exhiben importantes retos y amenazas en los albores del siglo XXI, que inequívocamente es preciso abordar y más todavía pensar en perspectiva crítica, para aportar salidas y opciones que no tengan otro fin que preservar a la democracia, recomponer a la política democrática y recentrarla en torno al ciudadano como punto de partida y de llegada en el siglo XXI.

Vistas las circunstancias que experimenta la política, la democracia y la propia ciudadanía en nuestros países latinoamericanos, estamos ganados a plantear frente a lo observado, el postular una repolitización de la ciudadanía. Insistimos la democracia y la política se encuentran en un vaivén complejo, marcado por avances y retrocesos que tienen que ver con la calidad de la política y de la democracia que inciden directamente en los individuos, en el ser humano y ciudadano.

En América Latina y Venezuela especialmente nos corresponde plantear la necesidad de promover un proceso sostenido en el tiempo de re-institucionalización de los partidos y clase política, la recuperación de su entramado institucional, democrático y, por supuesto, frente a los efectos perversos producidos por la mala política y la antipolítica que han generado un desarraigo ciudadano, es impostergable la tarea de repolitización de nuestros ciudadanos.

La democracia, es decir, el régimen mediante el cual los gobernados eligen a los gobernantes, solo puede existir si la libertad dispone de un espacio indestructible, si el campo del poder es más limitado que el campo de la organización social y el de las decisiones individuales. Pero esta condición necesaria no es suficiente. Si el poder debe estar limitado es preciso también que los actores sociales se sientan responsables de su propia libertad y destino, es decir, ejerzan la ciudadanía, reconozcan el valor y los derechos de la persona humana, y no asuman —con o sin razón— la pasividad, el retraimiento y la supresión de la condición de ciudadanos, como ocurrió a finales del siglo XX, razón por la cual llega al poder Hugo Chávez Frías, y de allí las consecuencias y daños en todos los órdenes registrados hasta el presente en la Venezuela contemporánea.

La experiencia venezolana invita a una reflexión a fondo de la ciudadanía, el respeto a la norma y el Estado de derecho, el civismo y la política. Una condición de la existencia de un régimen democrático descansa en el principio moderno de la individualidad personal y en el respeto hacia los derechos que inviste la misma. Cuando hacemos referencia al individuo no queremos remitirnos solamente a este en su faceta económica o desvincularlo de su situación histórica y posición social. Asumimos que este debe tener un mínimo de conciencia de sus actos, un carácter reflexivo sobre su situación e intereses, ya que es pieza fundamental en el proceso eleccionario y deliberativo de la democracia, también debería ser objeto central en los fines que persiguen las políticas públicas que implementen aquellos que serán elegidos por el mismo y, naturalmente, el sistema político y la institucionalidad democrática se estructuran a partir del ciudadano como base de todo proyecto político y social a lo largo de los tiempos y épocas.

Si bien es cierto que el concepto de organización social presupone un grado de complejidad de los ámbitos e instituciones de la sociedad, estos últimos son construidos por los agentes sociales mismos. De esta forma la riqueza de la sociedad civil estará en la garantía de la limitación del poder del Estado, dándose el principio de libertad negativa como lo han destacado los autores modernos, y por ello toda democracia que quiera mantenerse y calificarse de vital, deliberativa y plena requiere indiscutiblemente de ciudadanía.

Insistimos en que una condición definitoria de la democracia como sistema está en que los gobernados elijan a sus gobernantes o representantes, participen en la vida democrática, se sientan y asuman su condición de ciudadanos y, por tanto, ejerzan el rol transcendental de sujetos activos y deliberativos de la misma. Esto supone ser consciente del sentido de pertenencia y correspondencia con la sociedad y la comunidad.

La democracia carece de fundamento si el país está fragmentado entre etnias extranjeras u hostiles entre sí y, más aún, si las desigualdades sociales son tales que las personas ya no tienen el sentimiento y sentido de bien común, como ha sucedido en determinados momentos en nuestros países y sociedades, sobre todo en momento de graves coyunturas y crisis como las registradas en estas décadas en Argentina, diciembre de 2001; en Bolivia, noviembre de 2019 o en Venezuela en 2002, 2014, 2018 y 2020, dándose una división frontal y radical en dichas sociedades y actores respectivamente.

Para que sea vigorosa la democracia es necesario que exista cierta igualdad de las condiciones, tolerancia, respeto de las reglas de juego y una conciencia nacional en las que están representados todos los ciudadanos de un país y sociedad respectivamente. Como señaláramos anteriormente, la condición de elecciones libres y periódicas, presupone un ciudadano elector con capacidad de elegir y hacer representar sus intereses, es decir, hablar de ciudadanos remite a unas condiciones mínimas y la posesión de unos criterios, de lo contrario la ciudadanía se convierte en una categoría y condición inerme a una mera evocación y entelequia.

Los individuos se transforman en ciudadanos mediante la posesión de una conciencia nacional; este concepto puede ser entendido como la existencia de una cultura política centrada en los valores democráticos (su contenido), y una cierta homogeneización de estos en la ciudadanía, y por tanto, la actitud activa de defenderlos en el caso de que el ejercicio de la democracia sea puesto en peligro y por tanto se menoscaben los derechos, libertades y la propia condición humana.

La ciudadanía está íntimamente relacionada con la cultura política y por tanto con todo el conjunto de valores, orientaciones y pautas que definen a una determinada sociedad. La necesidad de explorar más profundamente los valores en que se sustentaban las orientaciones hacia el centro de decisiones políticas, necesita de una estrategia que combine aspectos cuantitativos, como aspectos cualitativos.

No perdamos de vista que las sociedades con grandes divisiones de tipo religioso, étnico o de otro tipo de factores culturales arraigados en su historia, pueden, si es que existe una voluntad política mínima y un conjunto de valores hacia la democracia sustentados por ambas partes de los agentes pertenecientes a los polos en cuestión, estructurar un diseño institucional que permita la representación de las particularidades; estos tipos de democracias denominadas por Arend Lijphart como democracias consociacionales, consensuales o modelos de consenso.

Ahora, si bien estas sociedades se encuentran atravesadas por clivajes que las dividen y segmentan, para una incorporación de cada segmento es necesario que estén integrados internamente, que presenten una verdadera sociedad civil ampliamente estructurada en cada uno de ellos. La democracia se sustenta en estas sociedades bajo un acuerdo de sus diferencias y sectores, que se estructuran en una sociedad política que permita una articulación democrática de sus intereses, ampliamente representada en el gobierno y todo este remite al papel de la ciudadanía.

Guillermo O'Donnell[55] ha realizado una lectura un tanto crítica (para unos, incluso, raya en lo despectivo), en su análisis sobre la ciudadanía y la

---

55   *Cf.* Ampliamente Guillermo O'Donnell, 1993: 62-87.

democracia en América Latina, al señalar que el tipo de ciudadanía existente es muy precaria, debido a la falta de integración social, la anomia y la no socialización bajo parámetros democráticos. De esta forma el régimen no puede legitimarse si no es con la implementación de políticas públicas eficaces y la identificación personal con el líder, estando presentes ante una ciudadanía de baja intensidad.

Una cuestión ineludible presupone asumir que es a través de la incorporación activa al espacio público de interacción comunicativa, entre otras cosas, que los individuos alcanzan su condición de ciudadanos, como miembros plenos y activos de una comunidad, ejercitando así sus derechos a la par de ver reconocida su posición y rol de actores políticos dentro de una sociedad, entramado institucional y sistema político respectivamente.

La ciudadanía está asociada con la noción de igualdad, claro está, pero además hace alusión a las ideas de desarrollo y explotación de las capacidades políticas de una sociedad, garantizándose por tanto un espacio público de plena igualdad y participación de los miembros de una determinada comunidad política. La ciudadanía es pues, en opinión de Fernando Calderón, "la instancia de la democracia que puede garantizar a la participación de las personas en las decisiones colectivas que afectan a toda la sociedad. La cuestión consiste en construir estos espacios deliberativos públicos como instancias de esa vinculación fecunda entre derechos humanos y expansión ciudadana"[56].

Precisamente unos de los desafíos impuestos por la modernización y democratización en América Latina están referido a la necesaria reducción de las brechas en sociedades profundamente desiguales, en aras de alcanzar unos niveles mínimos de encuentro y participación, por tanto, poder hablar de una autentica ciudadanía y no de meros individuos carentes de derechos civiles, sociales y políticos, asimismo, de obligaciones proporcionalmente.

El premio Nobel Amartya Sen[57] es categórico a la hora de dar cuenta de los cambios principales que asumen algunas categorías, entre ellas la de ciudadanía en esta etapa de reordenamiento generalizado, señalando con mucho acierto que un hecho político en el mundo actual es el fenómeno de la ciudadanía sustraída, en la cual la representación política de lo social

---

56   Fernando García Calderón, 2002: 93-94.

57   Nos apoyamos en su obra, 1997.

y colectivo se degrada. El ciudadano pasa a ser un súbdito o un cliente de una clase política inamovible y estancada, que deja de tener interés por lo político, precisamente en aquello que a la larga resultará vital para la representación de sus intereses.

Partiendo de que el fin de siglo se define por sus mutaciones sociales y políticas, las cuales producen una serie de anormalidades y efectos, entre ellas, destacan de forma paradigmática las transformaciones que adquiere la ciudadanía y la política, esta última terminaría siendo "una actividad atrincherada en el monopolio de una corporación partidaria donde ya no hay diversidad social a ser representada. En tal dinámica, el ciudadano viviría como algo ajeno a su vida[58]. Parte de los retos actuales estará, por tanto, en la impostergable necesidad de materializar y robustecer a la ciudadanía en nuestras sociedades precarias de esta última.

El porvenir de la política

Hemos señalado que si algo define a la política es su carácter conflictivo y deliberativo. Sin embargo, registramos no solo en América Latina, también en otros contextos o ámbitos, situaciones sumamente complejas donde la política se ve precisada y superada por sus fallas, por el surgimiento de amenazas diversas (terrorismo, antipolítica, populismos e ideologías transversales) que condicionan su presente próximo e inciden en su porvenir y, por tanto, merecen ser analizadas y tratadas.

Destaca de forma general el hecho de que "las formas y mecanismos a través de los cuales los ciudadanos se vinculan con el mundo de lo político, expresan sus demandas y participan en la definición colectiva de las prioridades sociales, han experimentado y siguen experimentando un proceso de continua renovación, en el que emergen nuevas pautas de acción política caracterizadas por la coexistencia de tendencias de muy distinto signo"[59].

Norbert Lechner quien ha seguido de cerca la cuestión de la democracia, el Estado y la política latinoamericana, como otros autores ha precisado que "la política como instancia privilegiada de la representación, regulación y conducción del orden social se torna problemática. Ya no podemos suponer una centralidad de la política en tanto número rector de todo proceso social;

---

58   Francisco García Calderón, 2002: 108.

59   Jorge Benedicto y Fernando Reinares, 1992: 23.

Estado y política dejan de ser vértices de la organización social. Tiene lugar una transformación de la política, cuyo papel y funciones han de adecuarse a una sociedad policéntrica"[60].

Ahora bien, el problema que registra la política latinoamericana no es precisamente el hecho de que tengamos contextos híbridos y mixtos, en los que convergen o cohabitan ideologías de derecha e izquierda, políticos profesionales y *outsiders*, viejos partidos políticos como el APRA, AD, Nacional, Colorado, Liberal y Conservador, nuevas agrupaciones y organizaciones políticas, sino la presencia e inclusión en nuestros imaginarios colectivos que poco puede hacerse, en donde reina la ineficiencia de los gobiernos, la corrupción y un sentimiento en muchos ciudadanos de desvalorización de lo público y, por tanto, de la política como proyecto que para muchos ha perdido las coordenadas y el sentido.

La mencionada generalización de los sentimientos de desconfianza y desafección política actúa, sin duda, en el sentido de profundizar esta pauta de cultura política hasta unos límites que podrían llegar a ser preocupantes para la propia legitimidad de la democracia, desde el momento en que una reiterada crisis de confianza en instituciones fundamentales puede erosionar las bases sobre las que se asienta el apoyo al sistema político democrático"[61].

Partimos de la premisa según la cual la crisis de la política latinoamericana (y de manera especial en Venezuela) se manifiesta en un déficit o quiebre importante de las mediaciones políticas típicas del siglo XX. Estamos en una época de desdibujamiento y reconfiguración donde la política está inmersa por cambios, desafíos y amenazas. Las transformaciones del papel de los partidos políticos representan un caso paradigmático por la centralidad que estos asumieron en el interior de las relaciones entre política y sociedad en nuestras sociedades. De allí el que postulemos una reinstitucionalización (y revisión profunda de sus funciones en la democracia compleja del siglo XXI) mediante la cual vuelven a posicionarse, tener protagonismo y centralidad en la actualidad, frente a los agravios, desmanes y retrocesos que la antipolítica ha producido recientemente en la región y Venezuela.

De manera que el panorama de la política en América Latina luce, es un tanto confuso y lleno de incertidumbres, situaciones diversas que es preciso

---

60   Véase Norbert Lechner, 1997: 52-53. Además, Innerarity, 2002; Rivas Leone, 2000a; Madueño, 1997.

61   *Cf*. Russell Dalton, 1988. Además, Jorge Benedicto y Fernando Reinares, 1992.

descifrar como punto de partida de todo debate y propuesta que en la actualidad pretenda explicar el ambiente democrático, en paralelo de plantear una recuperación de la política y de las instituciones, a la luz de las demandas ciudadanas y las circunstancias de cada una de nuestras sociedades, estas últimas imbuidas en una serie de dificultades que en su conjunto auguran un porvenir incierto de la política y la democracia en plena era post Covid-19[62].

Por tal razón y frente a "la rebelión de los individuos contra el sistema", la anomia de las instituciones, la pérdida de sentidos y referentes, no cabe la menor duda de recentrar los debates y postular más allá de las fachadas desconcertantes de la política latinoamericana, un retorno a lo político, la reinvención de lo político en aras de recuperar a la política en toda su dimensión.

Claro está, en opinión de Ulrich Beck, que "inventar lo político significa una política creativa y autocreativa que no cultive ni renueve las antiguas hostilidades, ni derive de ellas sus instrumentos de poder y los intensifique; en lugar de ello, se trata de una política que diseñe y forje nuevos contenidos, nuevas formas y nuevas alianzas. Con todo esto aludimos a un renacimiento de lo político"[63].

---

62   Nuestro planteamiento y abordaje es crítico más no apocalíptico, no podemos obviar situaciones regresivas en términos de institucionalidad democrática, ciudadanía, estado de derecho, expectativas ciudadanas, empleo, productividad y otras variables y ámbitos que antes de la pandemia mundial el Covid-19 mostraban en ciertos países un claro retroceso y posterior a la pandemia tienden a agravarse, entre otras cosas por la carencia de recursos financieros que permitieran afrontar ciertas demandas, estimular algunos sectores productivos, pero además, poseemos importantes déficit en nuestra clase política pedestre, añeja, poco formada e irresponsable en las tareas de gobierno, aspectos que por ende tornan compleja a la política democrática post Covid-19, por lo menos en países como Venezuela.

63   Véase los sugerentes comentarios de Ulrich Beck en su ensayo, 1997: 13-73. Además, Daniel Innerarity, 2020a; Arjun Appadurai, 2001.

> *Múltiples signos nos indican que estamos participando de una profunda transformación de la política institucionalizada. Los cambios abarcan muy diversos fenómenos, de clasificación difícil; afectan por igual democracias viejas y nuevas, gobiernos de derechas y de izquierdas, regímenes presidencialistas o parlamentaristas. Un primer paso consistiría pues en describir algunas de las transformaciones en curso, comenzando por la redefinición del significado mismo de la política.*

—— NORBERT LECHNER, 1994

> *Si nuestros sistemas políticos se muestran incapaces de resolver los problemas de la desigualdad, de garantizar la seguridad sin comprometer los derechos humanos o promover el crecimiento económico, la posibilidad de confiar en quien prometa esos resultados sin preocuparse demasiado por los formalismos democráticos está siendo una tentación irresistible en muchos lugares del mundo.*

—— DANIEL INNERARITY, 2020a

CAPÍTULO 3

LA DESARTICULACIÓN DE LOS ACTORES POLÍTICOS EN LA SOCIEDAD DEL RIESGO

Preliminares

Si aceptamos que los procesos de socialización, incluyendo nuestras prácticas y universos políticos, en buena medida están influidos y se conforman por el papel crucial ejercido por nuestras principales instituciones políticas, y el hecho de que estas últimas incurran en una situación con cierto disfuncionamiento y consecuente crisis y fatiga, esencialmente nos referimos a los partidos, la clase política, movimientos, sindicatos, etc., (instituciones estas que tradicionalmente les corresponde la función de representación y socialización de sus ciudadanos) tendríamos que admitir su incidencia directa en los procesos a través de los cuales los ciudadanos adquieren y conforman sus marcos y mapas políticos (preferencias, orientaciones e identidades) hoy mediatizados por otros actores e instituciones, entre ellas, líderes populistas, artistas, medios de comunicación y redes sociales que coyunturalmente ocupan espacios y desplazan a los actores tradicionales.

No perdamos de vista la premisa o idea según la cual las funciones de socialización política han sido trastocadas, y si a esto se le suman los problemas y déficit presentes en el funcionamiento de nuestras principales instituciones, tendríamos un ambiente desfavorable que incide negativamente en la formación y evolución de los universos políticos de los ciudadanos y, por tanto, su correlato expresado en la practicas políticas[64].

---

64   Véase al respecto los comentarios de Jorge Benedicto, 1995.

En las últimas décadas se han producido estudios, informes, encuestas, trabajos comparados donde los ciudadanos, si bien es cierto, apoyan y valoran la democracia como sistema, valor y régimen, no es menos cierto, que cuestionan a sus actores y modos de hacer política. Dentro de este proceso destaca y preocupa la situación actual de malestar e insatisfacción del ciudadano común con respecto al funcionamiento de sus instituciones (partidos, dirigencia, ayuntamientos, etc.,) desde el momento en que estas últimas han dejado de transmitir seguridad y certidumbre, produciendo juicios y evaluaciones en el ambiente en el que el ciudadano se desenvuelve, lo que lo inclina a replantear sus creencias y decisiones de la realidad que él percibe.

Por otro lado, el ciudadano común está influido por múltiples aspectos de carácter medio-ambiental e institucional, como parte de un proceso de resocialización política que naturalmente redimensiona su cultura política y los llamados universos políticos. La política, finalizando el siglo XX y en el curso del siglo XXI, ya no pertenece a la exclusividad de los partidos, sino que concurren otros actores que compiten, ganan apoyos y preferencias de parte de los ciudadanos. Dicho fenómeno constituye un síntoma totalmente nuevo de la política democrática contemporánea.

Inequívocamente registramos un complejo laboratorio en el que palpamos nuevos roles, desarrollo de nuevas pautas de orientación política caracterizadas por el apoyo a nuevas figuras, movimientos y actores políticos; el descenso en los niveles de participación electoral; el apoyo frente a los actores tradicionales (principalmente partidos) de liderazgos personalizados de carácter y corte antipartidista y neopopulista, que conforman un cambios en los patrones o cánones de hacer política que tiende a prescindir de las instituciones representativas y tiende a personalizarse[65].

De igual forma, dentro de este proceso de transformación de la política (la forma de concebirla y practicarla) y de nuestra cultura política, se aprecia que los espacios y ámbitos de lo público y de lo privado se van reestructurando como consecuencia del malestar de la vida pública, del cuestionamiento creciente de la política, fenómenos que terminan generando un abandono de la política y de la esfera pública por parte del ciudadano.

Por consiguiente, estamos presenciando fenómenos que nos inducen a aceptar una mutación de la política, que no debe ser interpretado como el fin de esta última, como señalan algunos autores de tendencia posmoderna

---

65   Véase ampliamente José Antonio Rivas Leone, 2020, 2002a, 2002b.

y fatalista, por el contrario, esta no se acaba más sí se transforma y tiende a desarrollarse en espacios más reducidos en donde el ciudadano abandona su condición de actor y deviene en un ser pasivo y espectador, estaríamos así en presencia de una suerte de privatización de la política, signada por la devaluación y desvalorización de lo público en beneficio de lo privado.

Paralela a esto, tenemos que en la crisis y transformación de la política se siguen gestando diversos procesos, unos de los que más destaca está referido a la cuestión de la innovación cultural y los modos de participación política respectivamente. De acuerdo a Beck tendríamos que, en el seno de nuestra cultura y procesos de participación, observamos que se ha producido una destradicionalización[66] de las formas y prácticas políticas. Tanto así que se afirma que la política está en ninguna y en todas partes a la vez.

La reestructuración de los universos políticos

En nuestro abordaje alrededor de la formación y reestructuración de nuestras prácticas y universos políticos, cobra una especial importancia el papel que desarrollan en el seno de la sociedad y en el funcionamiento del Estado, los roles de las diversas agencias y estructuras de tipo social y político principalmente. En tal sentido, el papel que cumple desde la familia, pasando por la escuela y nuestros partidos políticos[67] es decisivo en lo que se refiere a la socialización política y por ende la conformación de nuestros mapas y referentes políticos.

No olvidemos que nuestras prácticas y conductas son el resultado de la interrelación que se establece en el curso de la historia entre las agencias y las prácticas sociales y políticas. En la formación de nuestros patrones, hábitos y costumbres y su expresión en las prácticas de acción política, el Estado conforma nuestra principal agencia junto a los partidos políticos. Por consiguiente, es fundamental a la hora de abordar las transformaciones de nuestras prácticas, abordar antes que nada el papel de estas agencias.

En tal sentido, creemos que los aportes de autores como Anthony Giddens e Ira Cohen alrededor de la teoría de la estructuración, son realmente

---

66   *Cf.* Giddens, 1997: 128-133. Además, Zygmunt Bauman, 2003; Ulrich Beck, 1999.

67   La situación actual demuestra en algunos países la debilidad en que han entrado estas organizaciones, revelando así que han perdido su capacidad de gravitación y mediación entre la sociedad y el Estado.

pertinentes y explicativos a partir de la dualidad entre las estructuras y los procesos de acción, socialización y praxis para abordar las transformaciones actuales.

Entendiendo a esta última (praxis), de acuerdo a Ira Cohen y Giddens[68], como sinónimo de la constitución de la vida social, es decir, la forma en que todos los aspectos, elementos y dimensiones de la vida social, desde las instancias de conducta en sí mismas hasta los tipos de colectividad más complejos y extensivos, se generan en el desempeño de la conducta y a través del mismo, las consecuencias ulteriores y las relaciones sociales que se establecen y mantienen en el proceso. Como se ve, adentrarse en el estudio de nuestras prácticas, a través de la teoría de la estructuración y producción de la sociedad, resulta aparte de complejo, una cuestión multidimensional y heterogénea dado la cantidad de factores y variables intervinientes en el mismo.

Por otra parte, si algo merece atención y constituye un aspecto fundamental para explicar la formación, estructuración y reestructuración de nuestras prácticas sociales y políticas, es precisamente la cuestión referida a la habilidad y recursos que posea la agencia para el establecimiento y desarrollo de las diversas prácticas que integran nuestra vida y sociedad. Es decir, la capacidad que pueda detentar la agencia de producir variaciones históricas en sus propias formas de conducta y lograr al mismo tiempo adaptarse a los cambios e innovaciones[69].

Conviene insistirse que de acuerdo a los postulados desarrollados por la teoría de la estructuración expuesta principalmente por Giddens, cobra especial importancia el papel que cumplen las instituciones sociales, para dicho autor, estas últimas conforman "las prácticas rutinizadas que son realizadas o reconocidas por la mayoría de los miembros de una colectividad"[70]. Es decir, aquellas acciones reproducidas con cierto nivel de consistencia que terminan conformando regularidades institucionalizadas y por ende estabilidad.

Más aún, agrega Giddens, "la reproducción de las prácticas institucionalizadas expresa la reconciliación de la acción y la estructura como base de

---

68　Véase Ira Cohen, 1996: 13-14

69　Véase las consideraciones que establece Talcott Parsons sobre la capacidad autoadaptativa dentro de su concepción de su sistema AGIL. Sobre este debate consúltese Georges Ritzer, 1994. Además, Ira Cohen, 1996.

70　Cohen, 1996: 43.

la dualidad de la estructura"[71], por lo cual, si observamos algunas variaciones y mutaciones en la reproducción de nuestras prácticas sociales, políticas, religiosas, etc., se debe precisamente a una cierta ruptura y alteración entre la acción y la estructura como tal y, consiguientemente, del proceso de estructuración a través del tiempo.

De esta manera, tomamos como premisa el hecho de que nuestras actitudes y prácticas de tipo social y político no se reproducen por sí mismas, sino que dependen de la capacidad de inferencia, acción y actuación que pueda tener y lograr los agentes, organizaciones e instituciones en el curso y desarrollo de la historia. Siendo así, tendríamos que con el concepto de "estructuración", Giddens plantea la idea de una dependencia mutua, de una relación interna entre la estructura y la acción humana. De modo tal que, en este marco, la producción y reproducción de la sociedad se considera como un logro notable de los actores sociales[72].

De acuerdo a Ira Cohen "las prácticas e interacciones por las cuales se constituye la vida social son los continuos logros de seres humanos que conservan la capacidad de generar tales modos de conducta, y su disposición para activar esas capacidades en el momento oportuno dentro de la vida social"[73].

De forma tal, que las prácticas sociales vienen a ser fórmulas y códigos que los individuos emplean en sus actividades diarias, para solventar, según rutinas, situaciones comunes y cotidianas en nuestras vidas e interrelaciones. Asimismo, en la reproducción de nuestras prácticas institucionalizadas, los individuos contamos con una diversidad de reglas que se han ido estableciendo a lo largo de la historia y la tradición en el seno de nuestra conciencia.

Es importante también destacar dentro del debate sobre la estructuración y reestructuración de nuestras prácticas en el marco de la perspectiva de la teoría de la estructuración y la producción de la sociedad, la centralidad de los actores (agentes), colectivos (instituciones) e individuales (ciudadanos).

Dentro de los indicadores que revelan la transformación de la política y la propia cultura política, insistimos está lo concerniente al fenómeno de reestructuración de los universos políticos de los ciudadanos. Es decir,

---

71   Cohen, 1996: 46.

72   Véase los comentarios y consideraciones expuestas por Colin Hay, alrededor de la teoría de la estructuración, 1997: 204-ss. Además, Piotr Sztompka, 1995: 222-223.

73   *Cf.* Cohen, 1996: 53-54.

intentamos describir y analizar el entramado institucional y los diversos mecanismos y procesos a través de los cuales los individuos (ciudadanos) van configurando sus universos y preferencias políticas, en las cuales registramos importantes e innovadores cambios en la política contemporánea.

Otros autores señalan que este fenómeno de reestructuración de los universos políticos es una consecuencia directa del desarrollo, por un lado, de un proceso de destradicionalización de las prácticas políticas, acompañado de la transformación de la política, por otro. Igualmente, se observa la institucionalización y establecimiento de una nueva política que se expresa bajo la forma de subpolítica en los términos de tres connotados autores Ulrick Beck, Anthonny Giddens y Scott Lash, de acuerdo a los presupuestos de la modernidad reflexiva.

Es decir, tendríamos que el desarrollo de la llamada subpolítica revela el declive y agotamiento de modos y formas tradicionales, al mismo tiempo indica la entrada y advenimiento de lo que Giddens llama *la sociedad y orden postradicional*, fenómeno que supone el surgimiento o emergencia de nuevos órdenes, hábitos, concepciones y nociones acerca de la política, el ciudadano, la sociedad entre otros.

El paso de un orden a otro, implica asimismo que la tradición como síntesis y concreción del pasado, si bien es cierto queda atrás, no es menos cierto que sigue teniendo una poderosa influencia alrededor del presente. Por lo cual, estaríamos de acuerdo con Giddens en aceptar que al hablar de sociedad postradicional estaríamos partiendo del hecho de que la política ya no necesariamente obedece y se desenvuelve de las tradiciones, sino que se han ido incorporando en esta etapa nuevos actores, valores y hábitos[74].

Así, dentro de los cambios que estamos registrando en nuestra cultura y procesos políticos, aparte de los efectos comportamentales, se genera el advenimiento de la sociedad postradicional, postmoderna o del riesgo, agregándose el proceso de globalización, el cual permea y trastoca muchos de los contenidos y tradiciones, de modo que, en el desarrollo de esta nueva modernidad o etapa se observa un reordenamiento de la política en toda su dimensión, lo que concierne a nuestra cultura política, universos políticos y prácticas de acción política. Estas no desaparecen como afirman algunos, sino que se están transformando.

---

74   Sobre este debate encontramos pertinentes planteamientos en Anthony Giddens, 1997: 83-85. Véase el reciente ensayo *Pandemocracia* de Daniel Innerarity, 2020b.

De acuerdo con Luis Madueño[75], una de las características de las sociedades modernas, viene dada por la división patológica de la política entre la política tradicional cuyo ejercicio se encuentra en la forma partido y las nuevas formas de hacer política, por medio de nuevos movimientos, caudillos o lo que en algún momento se llamó la antipolítica.

Por ejemplo, una de las grandes dificultades de nuestras democracias es que a los puestos de dirigentes lleguen los mejores, pues el valor de la democracia representativa se basaba en la garantía y posibilidad de seleccionar los mejores dirigentes. En las circunstancias que vivimos hoy en día en América Latina, encontramos una tendencia marcada hacia formas plebiscitarias y autoritarias, en las que los líderes carismáticos proponen metas e ideas mesiánicas que son ofertadas a una masa desarraigada y desmoralizada.

Esta división patológica y radicalizada entre la política tradicional y las nuevas formas, no viene dada únicamente por la presencia implícita de instituciones en la primera, y la ausencia de estas en la segunda, cuando se produce una excesiva personalización de la política y del poder, sino por los discursos empleados por la política populista en la que el líder se presenta como el salvador o mesías.

América Latina exhibirá en los 90, dentro de los cambios que se registran en esta suerte de personalización de la política, una práctica política encausada dentro de una matriz de corte religioso, fanático y a veces fundamentalista. En la que se responsabiliza a los actores tradicionales (partido + clase política) de las situaciones de crisis política, social y económica presentes en nuestros contextos políticos[76].

En este sentido, los cambios que acusamos en la cultura política se reflejan en la reestructuración de nuestros universos y prácticas políticas,

---

75   Véase Luis Madueño, 1997: 34-35. Además, Luis Madueño, 1999; César Ulloa, 2020.

76   Los casos más ilustrativos de la división patológica de la política y del fundamentalismo presente en las nuevas formas de hacer política de tipo neopopulista, los observamos en los discursos, campañas y actividades que en los años noventa impulsaron las figuras de Carlos Saúl Menem en la Argentina; anteriormente Abdala Bucaram en Ecuador y Jorge Serrano en Guatemala, posteriormente Hugo Chávez Frías en Venezuela; Rafael Correa en Ecuador y Evo Morales en Bolivia. Estos liderazgos revelan que el fantasma y fenómeno del populismo es una constante en América Latina. Sobre este debate véanse: César Ulloa, 2017, 2020; Carlos de La Torre y Peruzzotti, 2008; Felipe Burbano de Lara, 1998; José Nun, 1998; René Antonio Mayorga, 1997; Marcos Novaro, 1998; Luis Madueño, 1997; Alfredo Ramos Jiménez, 2016, 1999a; José Antonio Rivas Leone, 2020.

siendo, en buena medida, producto de los cambios acelerados en el sistema económico, político y social, fenómenos que se encuentran inmersos en la idea de modernidad y del propio advenimiento de la sociedad postradicional que reproduce nuevas desigualdades e incertidumbres, modificando las bases sociales y culturales que otrora dominaban el escenario socio-político.

Una variable que no debe estar ausente en cualquier tratamiento que se haga de la política contemporánea, no debe prescindir de que desde el momento en que las instituciones y los actores principales de la democracia, ya no son capaces de transmitir certeza y fiabilidad en sus ciudadanos, y por ende dejan de introducir los cambios que la sociedad y la ciudadanía demandan (dejando así de ser agencias de acuerdo a Giddens), se generan las condiciones favorables para el desarrollo de nuevas bases y estrategias para la política, que seguramente tendrán asidero en unos ciudadanos sino disociados al menos si inconformes y desilusionados con la política tradicional.

Para explicar estos fenómenos emergentes, podemos apoyarnos en los trabajos y presupuestos de la teoría social y política, y los aportes dados por el neoinstitucionalismo a través de los trabajos de James March y Johan Olsen alrededor de la transformación de las instituciones[77]. Según estos autores, desde el momento en que las instituciones políticas dejan de aportar elementos de orden y organización, se producen unos cuantos cambios importantes que influyen decididamente en las prácticas políticas, modos de pensar y actuar. Por tanto, cuando se habla de reinstitucionalizar a los partidos, no se plantea como una opción sino como una necesidad impostergable, en la perentoria decisión de reconstituir la relación y amalgama entre ciudadanos y actores políticos, en los últimos tiempos muy disminuida y afectada por la presencia de actores emergentes.

La reestructuración de nuestras prácticas ocurre y se desarrolla en un estado de incertidumbre, que lleva al ciudadano a reorganizar poieticamente su vida, expresada y manifiesta con claridad en la reproducción política de nuevas identidades, como de nuevos y variados movimientos, nuevos caudillos y liderazgos diversos, civiles, militares e incluso religiosos[78]. De tal modo, que es a partir de esta forma de reproducción poietica que el individuo busca los significados y la recomposición de su ambiente y universos políticos.

---

[77]   *Cf.* March y Olsen, 1997: 110-129.

[78]   Véase Luis Madueño, 1997.

El mayor y más ilustrativo ejemplo de la reorganización y reproducción de nuevos órdenes, contenidos, prácticas políticas, etc., se observa claramente en los contextos políticos latinoamericanos emergentes en el final del siglo XX, particularmente los procesos gestados en países como Perú, Bolivia, Argentina, Ecuador y Venezuela, en los que hemos experimentado un deterioro y descrédito creciente de nuestras principales instituciones y organizaciones fundamentales para el funcionamiento de la democracia, aunado al advenimiento de fuertes crisis económicas que en conjunto han permeado y catalizado las condiciones para el resurgimiento de formas y prácticas de hacer política de corte neopopulista, plebiscitario y hasta heroico[79], lo cual es un indicador y síntoma de transformación de nuestras actitudes, valores y orientaciones (universos políticos) hacia la política como tal.

Los cambios registrados en nuestros países en la década final del siglo XX, se expresarán en la correlación establecida entre los procesos de crisis económica e institucional, el devenir histórico de la izquierda latinoamericana y cambios significativos observados en los actores y prácticas políticas. De tal forma, que "desde la representación estamental en la Edad Media hasta la representación política partidista, las interpretaciones del mundo político han cambiado sustancialmente"[80].

Estamos de acuerdo que "la serie de transformaciones económicas, políticas y sociales que se vienen sucediendo en América Latina, han puesto en crisis los símbolos y el propio significado de la política"[81] en estos últimos años. Percibimos una mescla de aburrimiento político, fatiga cívica, una política en decadencia esencialmente delegativa y representativa que acusa rechazo y produce impactos directos. Si esto es cierto, estamos frente a la necesidad del diagnóstico de los procesos registrados, lo que nos permitiría rediseñar nuestro aparato crítico-teórico a fin de profundizar nuestras apreciaciones sobre los cambios y transformaciones que involucran a nuestras nacientes y viejas democracias.

En esta época de signos postradicionales, la confusión, incertidumbre y crisis que rodea al funcionamiento de las instituciones genera directamente

---

[79]   Véanse los casos de Menem en Argentina; Fujimori en el Perú; Morales en Bolivia, Correa en Ecuador y Chávez en Venezuela, entre los más llamativos e ilustrativos populistas de la región. Véase ampliamente Ulloa, 2020; Rivas Leone, 2020. Ramos Jiménez, 2009, 2016.

[80]   Madueño, 1997: 48.

[81]   Madueño, 1997: 50.

cambios en las percepciones y las formas cognitivas a través de las cuales los ciudadanos se involucran, conciben y hacen política. De allí, el énfasis que deba colocársele a la cuestión de las instituciones (funcionamiento) para explicar los cambios que se apoderan de nuestras prácticas políticas. Y por tanto, la relevancia en el momento actual de plantear una buena política, recuperar la institucionalidad democrática en términos de partidos, procedimientos, clase política y práctica política frente al deterioro experimentado que conduce a la barbarie y los autoritarismos de diverso cuño.

La mejor vacuna que tiene la política y la democracia frente al desdibujamiento observado, será su inminente relanzamiento en términos de actores, agendas, contenidos y virtudes ciudadanas frente a la corrupción y la disociación de los ciudadanos y sociedades que reclaman referentes, códigos y respuestas a sus expectativas y demandas.

Si asumimos el planteamiento de la *modernidad reflexiva*, diremos que la política tiende a transformarse instalándose en ámbitos y agencias que rebasan los marcos tradicionales e institucionales conocidas. Señala Beck, que "la gente espera encontrar la política en áreas prescritas para ella, y confía en que sea desarrollada por los agentes debidamente autorizados: parlamentos, partidos políticos, sindicatos, etc."[82]. El problema viene dado allí, donde –como señala Beck– se detienen las agujas del reloj, cuando la política rompe todo marco y se desarrolla en áreas no necesariamente prescritas y establecidas por la tradición[83].

Insistimos que una explicación que puede darnos luces para exponer estos procesos de ruptura y transformación en la manera de concebir y hacer política, viene dada por el planteamiento institucional. Es decir, podríamos afirmar que los cambios se suceden y materializan cuando las instituciones y sus agentes trastocan sus roles, alteran sus funciones y pierden su injerencia y control sobre los ciudadanos.

Como consecuencia del proceso de destradicionalización de las prácticas políticas y universos políticos, notamos que se han producido cambios considerables en las formas de aproximarnos y de participar en la política que se expresan, entre otras cosas, en el desarrollo de:

---

[82]   Beck, 1997: 33.

[83]   Beck, 1997: 33-34.

1. Un aumento constante y sostenido de la abstención electoral, es decir, un descenso en los niveles de participación lo cual no es una variable constante de nuestra cultura política, y que solo se puede interpretar como insatisfacción y cuestionamiento hacía la política tradicional[84].

2. Asimismo, al margen del crecimiento de la abstención electoral, observamos en los últimos procesos electorales un apoyo a nuevos actores, líderes y agrupaciones, que no necesariamente se agrupan dentro de lo tradicional y las formas institucionalizadas de hacer política.

3. Frente a los partidos tradicionales con vocación nacional, irrumpen en el escenario político nuevas organizaciones de tipo federal, local o regional y con agendas muy variadas, incluso a veces imprecisas o poco organizadas.

4. El retorno del populismo bajo la forma de neopopulismo en algunos países de América Latina[85], este último expresado en el avance y triunfo de figuras como Abdalá Bucaram, Rafael Correa en Ecuador, Ollanta Humala o anteriormente Alberto Fujimori en el Perú, o Hugo Chávez Frías en Venezuela. Liderazgos estos caracterizados por el empleo de discursos y prácticas de tipo heroico, plebiscitario y autoritario.

5. El declive de la política tradicional y la pérdida de su significado sociopolítico, es una concomitancia inevitable del proceso de modernización y del surgimiento de una nueva cultura política menos participativa[86].

6. La trivialización de la política marcada por una suerte de privatización o secuestro de la política y del espacio público, acompañado del desarrollo de la política espectáculo o vídeopolítica donde los medios, redes sociales y otros ocupan los espacios de debate frente a los partidos[87]. La trivialización de la política, entre otras cuestiones, trae

---

[84] Véase Rivas Leone, 1997, 2000b; Ramos Jiménez, 1999b; ampliamente Montilla, 2001: 67-96.

[85] *Cf.* Weyland, 1997; Rivas Leone, 1999b, 2020; Burbano de Lara, 1998; Mayorga, 1995; Ramos Jiménez, 1997.

[86] Me apoyo en los comentarios expuestos por Jorge Benedicto (1995) y Luis Madueño (1997). Además, véase Luis Madueño (1999), particularmente sobre el análisis y dimensiones de la cultura política, una lectura desde la sociología política y la antropología interpretativa y lo concerniente a la reflexividad (autodestrucción y reconstrucción) de la cultura política.

[87] Véanse las consideraciones de los politólogos Giovanni Sartori, 1992b; Además, Oscar Landi, 1995; Jesús Martín Barbero, 1998; Carina Perelli, 1995; Raúl Trejo Delabre, 1994.

como consecuencia la presencia de una política cada vez más subjetiva, reducida y privatizada, vacía de contenidos, debates y proyectos, situación esta en la que el ciudadano deviene en un simple individuo, dado que termina abandonando el espacio público y se refugia en lo privado e íntimo (dejando su carácter y papel activo que define al ciudadano y adoptando un papel pasivo) por un lado, acompañado de un cuestionamiento de la política tradicional, por otro.

7. Se registra un descenso apreciable o reducción en los niveles de afiliación en los partidos políticos, precisamente por la falta de credibilidad en estos últimos y en la clase política tradicional.

Las nuevas bases de la política y sus implicaciones en la participación política

Abordar lo referente a lo que han venido planteados varios autores y pensadores alrededor de las nuevas bases de la política, como expresión del proceso de crisis y agotamiento institucional de nuestros actores y agencias, y su expresión directa en la transformación de la participación política, siempre constituye una tarea compleja por la multiplicidad de fenómenos y factores intervinientes[88].

A la hora de introducirnos en este fenómeno de nuevas bases de la política (con sus respectivas consecuencias e implicaciones) como realidad presente, tanto en la Venezuela contemporánea, como en muchos de nuestros países vecinos, debemos de tomar muy en cuenta el rol tradicional desarrollado por el Estado como ente productor de bienestar y certidumbre, el papel cumplido por nuestros partidos y clase política, hasta la constitución de una cultura política democrática, como variables determinantes e influyentes tanto en etapas de estabilidad como en aquellas donde registramos cambios apreciables.

En las nuevas bases de la política, como fenómeno relativamente reciente que se ha producido principalmente en la política latinoamericana, destacan tres (3) importantes cambios y transformaciones que naturalmente afectan los procesos de participación política y la propia cultura política, como lo son:

---

[88] Véanse los comentarios al respecto expuestos por Gianfranco Pasquino, 1988. Además, Susana Aguilar, 1995.

Los cambios institucionales

Introducimos como planteamiento inicial o premisa para explicar el cambio en la política (bases y prácticas) y, por ende, el desarrollo de una nueva política o política emergente (nuevos estilos, actores y agencias) que todos estos fenómenos son producto y obedecen a una transformación institucional que se manifiesta en un déficit político-democrático, y el consecuente agotamiento de los actores tradicionales en nuestras democracias representativas.

En tal sentido, un cambio en las instituciones y agencias políticas necesariamente replantea los procesos de formación, de las bases donde se asienta la política. Siendo así, tendríamos que desde el momento en que los partidos políticos, como principales agencias generadoras de certidumbre, estabilidad de la democracia y de canalización y participación ciudadana, comienzan a distorsionar sus funciones, se producirán algunos cambios significativos en las percepciones y evaluaciones por parte del ciudadano común hacia dichas instituciones, generándose asimismo el apoyo a nuevos actores y agencias que intentan en algunos casos ocupar el espacio perdido por los partidos políticos.

La historia y experiencia reciente en América Latina y de forma magistral en Venezuela, deja claro que cuando el andamiaje institucional representado por los partidos, la clase política, los sindicatos y otras instituciones, han tenido un desempeño aceptable y, por ende, han satisfecho las expectativas y demandas ciudadanas, la democracia y los diversos procesos políticos, sociales y culturales que se desprenden de esta, han gozado de salud y estabilidad, a diferencia cuando las agencias no representan, no canalizan demandas y no generan los cambios esperados, se producen rupturas.

Es decir, la falta de introducción y adopción de cambios los condena como principales o naturales agencias de la política, y el consecuente divorcio entre el colectivo y los agentes políticos produce un sinnúmero de efectos, siendo una de ellas el surgimiento de nuevos clivajes, valores y en general una nueva cultura política que no necesariamente es más democrática y participativa que la anterior.

Algunos autores al respecto señalan, en relación al caso venezolano, que el agotamiento de la democracia debe ser abordado a partir del fenómeno de desencanto y crisis de un modelo tradicional de hacer política, que fue estable y dominante y que su alteración produjo una nueva correlación, no solo de fuerzas políticas, sino de prácticas políticas, tanto en Venezuela como, incluso, en los países andinos con la emergencia de la revolución ciudadana de Rafael Correa en Ecuador o la propuesta indigenista de Evo Morales en Bolivia.

Profundizar en el estudio de las nuevas bases sociales de la política y del desarrollo de una nueva política movimentista, personalista y antipolítica, compromete necesariamente el estudio del comportamiento político, los procesos de socialización, el rol de los actores y agencias, e incluso el estudio de los procesos electorales sobre nuevas bases de orientación metodológica y análisis teórico en la actualidad.

Transformaciones en las bases sociales

Es necesario insistir que adentrarse en el estudio de las bases sociales de la política y lo concerniente a la participación política como ejercicio de ciudadanía, demanda el estudio del contexto y momento histórico de los tipos de instituciones (forma y diseño), entre otros.

Siendo así, debemos admitir el hecho de que "en cada momento histórico surgen unas determinadas bases sociales de la política, igualmente un sistema de representaciones simbólicas características y relacionadas con el momento histórico, una concepción diferente –pero acumulada, como una consciencia histórica– de la acción política, del actor político y del lugar que ocupa la política en la sociedad"[89].

Este planteamiento desarrollado alrededor de las nuevas bases sociales de la política y la emergencia o surgimiento de una nueva política como identidad y acción, plantea la necesidad de estudiar los diversos fenómenos y variables que intervienen y, sobre todo, la determinación y examen de los nuevos clivajes, ejes y líneas conflictuales (neopopulismo-dictadura e instituciones-democracia o democracia participativa y representativa) que afectan directamente las percepciones de los ciudadanos con respecto a la política, y particularmente su rol. A tales ideas-fuerza inspiran el replanteamiento de los análisis políticos a la luz del examen de aquellas realidades que se manifiestan en la antipolítica y la subpolítica.

De tal forma, que esta concepción nueva de la política (con sus respectivas bases, actores y pautas) se presenta estructurada a través de nuevas líneas de conflicto como las observadas entre el sector y ámbito público y el

---

[89]   Véase al respecto Luis Madueño, 1997.

privado; la antipolítica y la democracia; las formas tradicionales y las nuevas formas de hacer política; los valores y prácticas tradicionales con la nueva moralidad y prácticas políticas; la política institucional y la personalización de la política o, por ejemplo, la democracia participativa y protagónica y la democracia representativa en Venezuela, entre otros.

Igualmente, encontramos que dentro de la situación de dificultad y cuestionamiento de la política, y por sobre todo de sus actores, se producen fenómenos diversos entre otros: el aumento constante de la abstención electoral y, por ende, un descenso en los niveles de participación política; el descenso en los niveles de afiliación e identificación partidista; el desplazamiento del voto; el realineamiento de ciertos partidos; el desarrollo de valores postmaterialistas, junto al surgimiento de liderazgos populistas (neopopulismo) y nuevas formaciones políticas de diversa índole, el MVR, PPT, Polo Patriótico, Proyecto Venezuela, Primero Justicia, posteriormente el Partido Socialista Unido de Venezuela o Un Nuevo Tiempo en el caso de Venezuela; el Partido Verde en Alemania; el Frepaso en Argentina, el Partido Perú Posible o Cambio 90 en el Perú, el Movimiento Revolución Ciudadana y Alianza País en Ecuador, dentro de las alternativas que más ilustran la etapa movimentista latinoamericana.

Hablar de las nuevas bases sociales de la política y el surgimiento y avance de unas nuevas pautas de acción política, compromete el estado de los partidos políticos como "forma de organización de la acción colectiva"[90] y como institución definitoria y parte fundamental de un régimen democrático representativo moderno.

La innovación fundamental que aporta la modernidad reflexiva no es otra que el replanteamiento de las nuevas bases sociales de la política, la transformación de la participación política y el desarrollo de nuevos universos políticos, el supuesto declive de los partidos políticos, la irrupción de los nuevos movimientos sociales y emergentes como sustitutorios de algunas de las clásicas funciones de los partidos, produciéndose una redimensión funcional de la propia acción colectiva, que demanda estudios más detallados por parte de la ciencia política en general y de la sociología política en particular.

---

90   Véase Jorge Benedicto, 1995: 291.

Transformaciones de las bases culturales

Es común observar en los más recientes procesos políticos, manifestaciones y comportamientos políticos diversos que indican transformaciones y reordenamientos político-culturales de la sociedad en el final de siglo XX, cuestión esta observada tanto en América Latina como en Venezuela. Allí, evidenciamos el hecho de que las bases de acción política emergentes que se registran en este (fin de siglo), no necesariamente siguen y apoyan las formas tradicionales y los causes democráticos[91].

En este sentido, tanto en Venezuela como en otros países de la región en los últimos años, registramos la presencia de nuevas orientaciones y pautas de acción política que rompen con la tradición, si asumimos que no necesariamente dirigen su apoyo hacia los partidos y liderazgos tradicionales, paralelo a esto, nuestros ciudadanos dentro de sus opciones y universos políticos apoyan desde propuestas muy variadas y novedosas que van desde los liderazgos neopopulistas y mesiánicos como residuos de la pervivencia de una tradición, pasando por exgolpistas[92], hasta nuevas figuras, movimientos y líderes que terminan en algunos casos reproduciendo elementos de la vieja política que tanto cuestionan.

Tendríamos que todas estas manifestaciones dejan claro, sino un quiebre de las bases tradicionales y de nuestras prácticas y cultura política, sí un reordenamiento apreciable. Además de persistentes, los cambios registrados en nuestras prácticas, universos y actores conforman parte de un proceso mayor de destradicionalización de la política que no es aislado o particular de Venezuela o de la región latinoamericana, sino que es de carácter global.

Desde la perspectiva cultural, los cambios que observamos en las bases culturales y el fenómeno de la destradicionalización, si bien es cierto se registra de manera especial en estos últimos años de la década de los noventa, no es menos cierto que se origina y se gesta años atrás donde comenzábamos a percibir los primeros quiebres, reordenamientos y reestructuración de las prácticas, de las formas de hacer política y de los propios actores (tanto colectivos como individuales).

En suma, no podemos aislar los cambios que observamos en la cultura política (conductas y patrones), por un lado, y el propio proceso de

---

91   En Venezuela hemos venido registrando un sostenido proceso de militarización de la política en estas dos décadas. *Cf.* José Antonio Rivas Leone, 2020, 2000a: 6-7.

92   Son los casos de Ollanta Humala en Perú 2006 o, Hugo Chávez Frías en Venezuela 1998.

destradicionalización, por otro. Ambos conforman parte de un proceso más general de transformación de la política, donde esta última pierde centralidad y protagonismo, a lo que debemos sumarle los cambios acelerados que registramos en la tecnología, la ciencia, los sistemas expertos, las propias tradiciones, las redes sociales y el propio proceso de globalización que, en menor o mayor medida, nos afecta e influye en la disolución de la comunidad y ámbito local.

En opinión de Luis Madueño, "la centralidad de la política organizada alrededor de las instituciones y el monopolio de su capital cultural viene disminuyendo. Por consiguiente, el análisis politológico y sociológico actual y el de otras ciencias sociales, vienen demostrando la incertidumbre y la perplejidad de los individuos y de los actores políticos tradicionales que no se dan cuenta de los procesos de innovación y traslado de la agencia transformadora a otros sectores de la sociedad"[93].

Desde esta perspectiva, los ciudadanos dada las carencias e incertidumbres que registran las instituciones, las agencias, los actores individuales (clase política), se ven forzados a replantear sus esquemas, juicios y evaluaciones, con el efecto o consecuencia directa de registrar ya no solo un divorcio entre estos y la política, sino además, los ciudadanos ocupan un espacio en el que cada día toman cada vez más decisiones y donde el Estado y la propia política ya no conforman sus principales referentes y garantes de certidumbre, desarrollo y progreso como rasgos de la sociedad del riesgo actual.

Así pues, "la eclosión de la política en la sociedad se dirige a un nuevo sistema de relaciones, en la medida en que cambia y se vincula a nuevos elementos. Igualmente, el grado de prestigio de la política ha cambiado junto a los que monopolizaban sus representaciones simbólicas"[94].

Nuevo individualismo en la sociedad del riesgo

Los teóricos reflexivos apuntan hacia el individualismo, el cual es tomado como un fenómeno y ruptura con la modernidad y la tradición, asumiendo como la desvinculación al orden tradicional y a los usos sociales (pautas, roles, actores, etc.), afirmándose que el individualismo se asocia e identifica

---

93   *Cf*. Los planteamientos ampliamente desarrollados por Luis Madueño, 1999.

94   Madueño, 1999.

en la actualidad con el retorno de la incertidumbre y del riesgo. Siendo que la sociedad del riesgo corresponde al mundo contemporáneo en el que los ciudadanos toman cada vez más decisiones y donde estos últimos no tienen certeza, certidumbre y fiabilidad en sus actores e instituciones tradicionales, lo cual replantea las percepciones de los ciudadanos en torno a la política, la economía, la salud y otros ámbitos.

En este sentido, tenemos que dentro del actual debate sobre los procesos de ruptura y reacomodo cultural e institucional que caracterizan el advenimiento de la sociedad del riesgo, tendríamos que el fenómeno de la individualización significa, de acuerdo a Beck[95], en primer lugar, el estado de desvinculación; en segundo lugar, una situación de revinculación a nuevas formas de vida de la sociedad industrial en sustitución de las antiguas, en las que los individuos deben producir, representar y combinar por sí mismos sus propias biografías.

La individualización sería así, una forma social, es decir, una condición del ciudadano contemporáneo en el que este rediseña su cuadro familiar, sus percepciones, es decir, muestra al individuo como sujeto activo, como actor que se aparta y rompe con la tradición, con el Estado como garante de certidumbre, bienestar y cohesión social y, por qué no, como una forma de emancipación de las reglas de juego y la racionalidad instrumental del Estado moderno.

Beck insiste que "la individualización es una compulsión a fabricar, autodiseñar y autoescenificar no sólo la propia biografía, sino también sus compromisos y redes de relaciones en la medida en que cambian las preferencias y fases de la vida"[96]. Es decir, el individuo se encuentra en una situación en la que no espera prácticamente nada de las instituciones, por lo cual se ve inclinado a rediseñar su vida, círculos y toma de decisiones asumiendo los riesgos de manera personal o particular y, por ende, a la búsqueda de nuevas certezas por sí mismo.

Una de las consecuencias de la transformación de la política y del surgimiento del individualismo, viene dada por el desarrollo y establecimiento de la llamada subpolítica. La subpolítica agrupa a todas las opciones, conductas y formas de hacer política que van más allá de la política institucional. En el caso venezolano, como lo ha observado Alfredo Ramos

---

[95]   *Cf.* Beck, 1997: 28.

[96]   *Cf.* Beck, 1997: 29-30.

Jiménez, "el debilitamiento de las estructuras partidarias tradicionales y el envejecimiento de una clase política tradicional, que luce acorralada e incapaz de desentrañar la naturaleza de los cambios operados en la sociedad, son solo síntomas de una crisis de la participación y de la representatividad, que afecta hoy en día todo proyecto de construcción democrática"[97].

El deterioro institucional de la democracia de partidos y el propio desempeño de la clase política que ha producido la frustración de expectativas y promesas incumplidas en los ciudadanos, tendrá mucho que ver con los cambios que la política democrática registrara en el cierre del siglo XX, y la emergencia de diversos fenómenos paralelos a la política tradicional e institucional. Situaciones que obligan a repensar y revalorizar a la política institucional en perspectiva critica.

De acuerdo a los planteamientos de Beck, este tipo de individualismo que observamos hoy no necesariamente se reduce a lo privado, sino que se extiende a la política en un sentido nuevo y definido, de forma que "los individuos individualizados, los dedicados al bricolage de sí mismos y de su mundo, ya no son aquellos que desempeñan un rol en la sociedad industrial simple clásica, tal como postulaba el funcionalismo"[98].

De esta manera, el nuevo individualismo es simplemente el producto de la transformación gestada en la sociedad y con ella en sus instituciones, agencias y procesos sociopolíticos. En este sentido, el avance de la "subpolítica" revela una ruptura caracterizada por la búsqueda de nuevos espacios, ámbitos, escenarios y foros donde encontrar la política[99].

Para ciertos autores[100], el término "individualismo" designa una nueva "sacralización liberal del egoísmo", cuyos principales indicadores serían el declive de los valores comunitarios, el repliegue de los individuos en lo privado, la atomización e instrumentalización de los social, la apatía política, entre otros.

La realidad de hoy nos muestra situaciones que revelan que hemos pasado de una cultura del colectivo, signada y definida por la colaboración, cooperación mutua, los valores y sentimientos de comunidad, a una cultura

---

97 Véase Alfredo Ramos Jiménez, 2016: 202

98 *Cf.* Beck, 1997: 31-32.

99 Beck nos habla de un renacimiento no institucional de lo político que emerge más allá de las responsabilidades formales y jerarquías, y que constituye un síntoma novedoso de la época actual. Véase Ulrich Beck, 1999: 129-148.

100 *Cf.* Los planteamientos expuestos por Juan Manuel Ros Cherta, 1999: 101.

individual signada y definida por el éxito personal, la autorrealización, el pragmatismo, escepticismo e incluso narcisismo, rasgos que afectan nuestras costumbres, tradiciones y la forma de aproximarnos y hacer política. La nueva secularización que comporta la nueva modernidad, en vez de sepultar la política la ha depurado, dirigiéndola a la construcción de nuevos clivajes como la contradicción individuo-colectivo; público-privado; cooperación-autorrealización; participación-apatía; lo social - lo económico - lo político; lo local - lo global; lo político - lo apolítico.

Frente al agotamiento de las explicaciones y frente a la producción de explicaciones apocalípticas, la modernidad reflexiva[101] ha procurado nuevos planteamientos y categorías (y ante todo un proceso de reinvención de la política). Partiendo de una discusión precedente de la teoría social, la reflexividad pretende adentrarnos en los diagnósticos de una sociedad que jerárquicamente ha mantenido bajo su control los espacios de la sociedad en su conjunto. En la actualidad esas jerarquías comienzan a ser desbordadas por los ciudadanos.

En este sentido, se intenta ir más allá de la categorías y teorías dominantes, otrora hegemónicas en la teoría social, la sociología política, la antropología, la economía, etc. Así, una lectura menos apocalíptica del fenómeno del individualismo y del cambio en nuestras orientaciones dentro de la actual transformación que acusa la política, no necesariamente a asumir tales transformaciones como una nueva dimensión de lo político en el mundo actual y en la sociedad del riesgo en que nos corresponde desenvolvernos.

No olvidemos que si algo caracteriza los presupuestos de la modernidad reflexiva es su vocación de autocrítica y autoconfrontación, es reconocer que la realidad ha desbordado las categorías de análisis de nuestras ciencias sociales, asimismo, es asumir también la humildad y lo rebelde que pueden ser los cambios al intervenir la ciencia, como su valor intrínseco y de crítica, tanto hacia fuera como al interior.

Con el avance de una nueva modernidad, se observan claras tendencias de debilitamiento de los vínculos, nexos y solidaridades que tradicionalmente servían como cemento y unión de los ciudadanos, junto a desarrollo de procesos de diferenciación social y funcional, que demandan explicaciones que no pueden ser edificadas y producidas con las propuestas y trabajos tradicionales.

---

101   *Cf.* Beck, 1997: 35.

En esta nueva etapa, Norbert Lechner expuso que, "las identidades colectivas se fragmentan a la par con la disgregación de los valores y hábitos, las creencias y experiencias que estructuraban la trama social"[102]. Es decir, la transformación de la política con el avance de la modernidad nos revela, entre otras, cosas que estamos en presencia de un nuevo tejido y entramado social y político, que se define, entre otras cosas, por la presencia de riesgo, incertidumbre y escepticismo, cuestiones que aunque antes estaban presentes, ahora se intensifican y surgen como una fuerza social y cultura que no puede pasar desapercibida y que impacta nuestras vidas.

Conclusión

De acuerdo a lo expuesto a lo largo de este capítulo, podemos inferir que en nuestra región y particularmente en nuestro país se están generando un conjunto de procesos y de transformaciones, en especial en el ámbito de la política, cambiando así la forma de concebirla y practicarla. Igualmente y paralelamente al proceso de transformación de la política se producen algunos cambios tanto a nivel de las instituciones como de los actores políticos.

El agotamiento de las formas tradicionales de hacer política aunado a los problemas que atraviesa el Estado, como principal agencia generadora de bienestar en su conjunto, genera la llamada crisis de gobernabilidad democrática o ingobernabilidad que, por supuesto, tendrá variantes entre un país y otro, entre una economía y otra, fundamentalmente dependerá de capacidades, recursos y resultados.

El nuevo espectro político de crisis de los actores, de debilitamiento de las capacidades del Estado, y la consecuente crisis de gobernabilidad, genera situaciones diversas que en algunos países ha sido aprovechada por nuevos actores políticos (nuevos caudillos, neopopulistas y *outsider*) que aprovechan el desprestigio que atraviesa la política tradicional para incursionar y abrirse paso en países como Ecuador, Perú y Venezuela.

Si aceptamos esto, tendríamos que la política actualmente se presenta como algo extremadamente difícil y sobre todo compleja. El problema viene dado no por que la nueva política sea desarrollada por actores no tradicionales, sino hasta qué punto de vista los nuevos actores actúan dentro de cauces

---

102   Véase Lechner, 1996a y 1996b.

democráticos y, más aún, garantizan escenarios societales de gobernabilidad, desarrollo y progreso.

Por otra parte, no olvidemos que la crisis política y de gobernabilidad democrática que afecta a nuestras sociedades, se reproduce y tiene su origen en nuestros países como crisis de la forma partido, pudiéramos decir que lo que está en crisis es un modelo de hacer política que tradicionalmente estuvo liderizado por el partido político como actor central y protagónico del juego democrático, tendríamos así que la crisis representa la incapacidad real de las estructuras partidistas para nuclear la organización del poder estatal y, por lo mismo, incapacidad de este último para responder a las demandas que los ciudadanos y grupos formulen.

Si bien es cierto que los partidos políticos actualmente tienen una gran responsabilidad en la llamada crisis de gobernabilidad, en la frustración de expectativas y en el llamado desencanto democrático, agotamiento y transformación de la política proclamada por muchos, ello no implica bajo ningún punto de vista que dichas estructuras, la democracia y el propio Estado no puedan repensarse y revaluarse en la actualidad, precisamente como la alternativa más viable o plausible ante la situación actual de confusión, desaliento y pérdida de los referentes y mapas de la política.

De forma tal, que paralelo a la crisis en sus diversas manifestaciones, creemos que la tarea a desarrollar por parte de la ciencia política está dada principalmente por la formulación de una crítica y diagnóstico de lo que ha sido el funcionamiento de la democracia en estos años, por un lado, así como también frente al panorama de crítica y descrédito institucional debemos repensar y revalorizar a las instituciones política a través de la ingeniería política y el rediseño institucional[103], tarea esta que persigue corregir las fallas, déficit y desbalances de las principales instituciones, con lo cual aparte de garantizar la permanencia de la democracia estaríamos garantizando su profundización.

Por otra parte, podemos inferir entre otras cosas que el fenómeno de la "destradicionalización" de nuestras prácticas políticas, coincide con un doble proceso que hemos descrito ampliamente como un fenómeno dialéctico y contradictorio de: desvinculación y revinculación; agotamiento, crisis y nacimiento o reemergencia; descentramiento y reordenamiento, entre otros.

---

[103]   *Cf.* Sartori, 1994a; March y Olsen, 1997; Pasquino, 1997c, 1997d; Rivas Leone, 2000b.

Asimismo, frente al proceso de transformación y destradicionalización que acusa la política, sus actores y prácticas, estamos ganados a replantear el rol que cumplen algunos actores e instituciones dentro de la democracia, buscando con ello no solo revertir la tendencia de despolitización observada en nuestras sociedades y culturas políticas, sino además elevar la calidad de la política que al fin de cuentas es lo que demandan los ciudadanos.

Igualmente, creemos que frente al panorama de descrédito de la política y de los políticos, es pertinente replantear la necesidad de contar, más que en ningún otro momento, con instituciones sólidas y disciplinadas, al igual que una cultura cívica y democrática. La sociedad actual compleja y de riesgo está demandando un planteamiento ético que limite lo que se considera bueno o malo para un determinado grupo humano y ámbito geográfico y político, unido a un planteamiento moral alrededor del bien común y un planteamiento político que sintetice valores, derechos, ideales, proyectos, instituciones y logros como alternativa viable frente a las amenazas autoritarias que muestran hoy algunas de nuestras sociedades como la venezolana, y que no constituyen garantía alguna de los ideales democráticos en la era post Covid-19.

De acuerdo con Todorov (2016: 13) "los peligros inherentes a la idea de democracia proceden del hecho de aislar y favorecer exclusivamente uno de sus elementos. Lo que reúne estos diversos peligros es la presencia de cierta desmesura. El pueblo, la libertad y el progreso son elementos constitutivos de la democracia, pero si uno de ellos rompe su vínculo con los demás, escapa a todo intento de limitación y se erige en principio único, esos elementos se convierten en peligros: populismo, ultraliberalismo y mesianismo, los enemigos íntimos de la democracia".

El malestar de la política es bastante viejo, pero sus causas van cambiando a lo largo del tiempo ... Lo que actualmente desacredita a la política no es una actitud autoritaria sino la distancia entre lo que habría que hacer y lo que se hace, la discrepancia entre las palabras y los hechos, la precipitada apelación a que no es posible hacer otra cosa. Lo que molesta de la política es su desconcierto e incapacidad ... La amenaza actual de la política no es tanto la violencia o el caos como la impotencia de una escenificación rutinaria.

— DANIEL INNERARITY, 2002

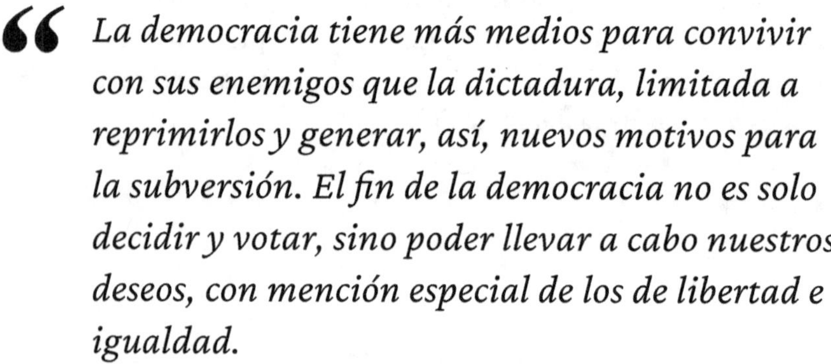

La democracia tiene más medios para convivir con sus enemigos que la dictadura, limitada a reprimirlos y generar, así, nuevos motivos para la subversión. El fin de la democracia no es solo decidir y votar, sino poder llevar a cabo nuestros deseos, con mención especial de los de libertad e igualdad.

— NORBERT BILBENY, 1999

CAPÍTULO 4

LA REVALORIZACIÓN DE LA DEMOCRACIA Y LA POLÍTICA EN TIEMPOS DE CRISIS.
APROXIMACIÓN AL CASO VENEZOLANO[104]

Una necesaria introducción a la cuestión democrática

La democracia constituye un ideal que pretende la libertad y la igualdad de los seres humanos. Ese ideal persigue hacerse efectivo, en la práctica, a través de un conjunto de normas e instituciones específicas, dando origen así a modernos sistemas políticos democráticos. Los sistemas democráticos son frágiles y por ello su existencia se halla sometida a riesgos constantes que emanan tanto del seno de los propios sistemas como de sus enemigos externos. Sin despreciar la importancia de estos últimos, cabe afirmar que, en el momento actual, y al menos en lo que se refiere a los sistemas democráticos ya consolidados, los principales retos y desafíos no provienen tanto del exterior, cuanto de su propia estructura y funcionamiento. Se da así una situación paradójica en la que la aparente fortaleza exterior de la democracia contrasta con la languidez y debilidad interna de la mayor parte de los actuales sistemas políticos democráticos[105].

---

104 Una versión primigenia de este trabajo fue publicada oportunamente por la revista *Nueva Sociedad,* n° 170, 2000. Véase los planteamientos de Daniel Innerarity, 2020a, 2020b.

105 *Cf.* Las interesantes propuestas desarrolladas por Daniel Innerarity, 2020a; Agapito Maestre, 1996; César Cansino, 1997; José Antonio Rivas Leone, 2002a, 2000a. Además, Ulrich Rödel, Günter Frankerberg y Helmut Dubiel, 1997; Rafael del Águila, 1997. Véase Michael Saward, 2003; Guy Hermet, 2008, 2012; Pierre Rosanvallon, 2007.

Nuestros regímenes democráticos no son inmutables, y por tanto se encuentran sujetos a ciertas presiones y transformaciones de sus componentes y estructuras, en el caso de las neodemocracias latinoamericanas o nuevas democracias, las transformaciones obedecen tanto a dinámicas externas como internas de suficiente envergadura que incluso en determinados momentos pudieran afectar la estabilidad y permanecía del entramado democrático. Los intentos de reforma institucional en América Latina son una necesidad impostergable, basados o anclados en una nueva cultura de corresponsabilidad y pacto social, de lo contrario estarán condenados a posibles fracasos.

Si bien es cierto la democracia como régimen y ordenamiento político, al igual que como ideal de libertad e igualdad de nuestros ciudadanos, se presenta en nuestros días como un valor aceptado integrante de nuestra cultura política democrática, no es menos cierto que los anhelos y promesas de la democracia en América Latina, chocan y se contradicen con la realidad, incertidumbre y deterioro de nuestros niveles de vida y de ciudadanía.

La democracia en América Latina y sobre todo en Venezuela no atraviesa su mejor momento. De tal manera, que los retos y a la vez amenazas que tiene la democracia en América Latina y particularmente en Venezuela, sin equívocos, son mayores al resto del mundo, precisamente por la precariedad que la institucionalidad democrática registra, a lo cual se le suman los efectos políticos, sociales, económicos, institucionales que plantea el Covid-19 o coronavirus.

La realidad desigual y heterogénea de muchas de nuestra democracias, sometidas a diversos tipos de presiones y fenómenos, está demandando unos abordajes y más afinadas explicaciones, no solo para diagnosticar sus fallas y correctivos, sino además el que permitan hacer avanzar a la democracia y consolidarla, y no hacerla retroceder frente a las tentaciones autoritarias, la notoria emergencia de populismos, militarismos y otros que, en el caso venezolano, va acompañado del aumento de la pobreza, desempleo y la corrupción, surgimiento de poderes ocultos, unido a otros flagelos y amenazas para la democracia y los propios ciudadanos, entre ellos el narcotráfico, la acción de grupos terroristas, irregulares y paraestatales, y recientemente, los efectos de la pandemia mundial (Covid-19) que trastoca muchos ámbitos de nuestra sociedad, estos aspectos y fenómenos conforman importantes retos y amenazas para la democracia y la política democrática en la actualidad.

A juicio de Gianfranco Pasquino "la democracia no es un mero conjunto de técnicas, de mecanismos, de estructuras; la democracia exige en su fundamento una ética; la democracia prospera cuando el discurso público sobre sus fines se desarrolla sin hipocresías, sin manipulaciones y sin concesiones. Por el contrario, cuando están presentes estos últimos la democracia se viene a menos. Sin embargo, la democracia lejos de ser un régimen político caracterizado por la impotencia, replegado sobre sí mismo, privado de encanto es, al contrario, un régimen político capaz de renovarse, de adaptarse, exigente con sus ciudadanos y con sus gobernantes"[106].

Aceptemos que la democracia parece vivir un momento dulce en todo el mundo. Nunca en la historia de la humanidad se había conocido una extensión tan amplia de este conjunto de reglas y de mecanismos de representación plural, de participación y de control que históricamente ha ido conformando el concepto de democracia. A pesar de ello, continúa existiendo una insatisfacción creciente en cuanto a su funcionamiento[107]. En ese sentido, cobra fuerza la tesis del politólogo y filósofo turinés Noberto Bobbio, en el sentido de que la insatisfacción que hoy percibimos en nuestros ciudadanos y la sociedad respectivamente, tienen su explicación y origen en las llamadas promesas incumplidas por la democracia.

Nunca perdamos de vista que "la democracia no es solo un modelo institucional, sino es sobre todo un dispositivo imaginario que presupone la existencia de un espacio público político donde confluye una sociedad civil que ha ganado el derecho a tener derechos" y, por tanto, hablar de democracia nos compromete a precisar sus contenidos y precisar el rol a jugar por parte de la ciudadanía. La preocupación por la democracia se observa en nuestros días y en los más variados predios académicos, particularmente en las investigaciones en curso, foros y congresos y en las más diversas publicaciones[108].

---

106   Gianfranco Pasquino en su obra *La democrazia esigente. Bologna: il Murlino*, expone dicha problemática y aporta algunas ideas para pensar y enarbolar un debate sobre las condiciones actuales de la democracia y su futuro. *Cf.* Pasquino, 1997c: 9-39.

107   El profesor Joan Subirats de la Universidad Autónoma de Barcelona, ha expuesto algunas ideas pertinentes en su texto "Nuevos mecanismos participativos y democracia: Promesas y amenazas" compilado en la obra de Joan Font, *Ciudadanos y decisiones públicas*, 2001: 33-42.

108   Véanse algunas revistas dedicadas a este debate, entre ellas *Nueva Sociedad, Zona Abierta, Metapolítica, Ágora* y *RICS*, que integran una serie de artículos tanto de autores europeos, norteamericanos como de latinoamericanos, un no tan reciente trabajo pero no por ello menos relevante alrededor de repensar la democracia lo constituye la *Revista Internacional de Ciencias Sociales,* n° 129 (1991), que recoge las propuestas en torno al debate de-

Ante este escenario y a la cada vez más evidente crisis (o transformación) de la política en nuestros países, signada y definida por el declive tanto de las grandes organizaciones partidistas, como de los grandes proyectos y del hombre público (ciudadano), cabe advertir el hecho de que las circunstancias responden a la necesidad de detenernos un tanto a repensar la democracia, a partir de los desafíos que asume la democracia en América Latina[109]. Repensar la democracia para nosotros, consiste en la propuesta y teoría desde y para América Latina (que tome en cuenta tanto los diversos modelos teóricos como las respectivas realidades) dentro de contextos políticos de reordenamiento social.

En la región encontramos algunos casos (empíricos) como Bolivia, Perú y Venezuela, que nos demuestran este fenómeno y ciclo de crisis, reordenamiento y desinstitucionalización, signado entre otras cosas por el declive y descomposición de la política institucional[110]. Es decir, registramos como nunca antes una creciente personalización de la política y del poder en detrimento de las instituciones políticas o de la institucionalidad

---

mocrático y la necesidad de repensar la cuestión democrática de autores como Giovanni Sartori, Guy Hermet, David Apter, Arend Lijphart, Ernest Gellner, Bertrand Badie, John Keane, Pierre Birnbaum y Norbert Lechner. También véase *Metapolítica*, n° 18 (2001), particularmente los artículos de José Antonio Crespo, Ulrich Beck y Ramón Maíz; *Ágora*, n° 8 (1998) los trabajos de Guillermo O'Donnell, Norberto Bobbio, Jon Elster y Carlos Strasser.

[109] En los diversos trabajos, que en estos últimos años hemos accedido, producidos por Norbert Lechner, observamos de parte de este autor una preocupación central por la cuestión democrática y, particularmente, por la necesidad dado los procesos de cambio, descomposición y reordenamiento que asumen nuestras neodemocracias, sus actores e instituciones de deconstruir y repensar nuestros modelos de democracia en esta etapa de desencanto actual "posmoderno", sobre este interesante debate véanse los planteamientos de Norbert Lechner en su clásica obra *Los patios interiores de la democracia. Subjetividad y política* (1990); además de sus trabajos posteriores encaminados a la reflexión sobre los retos y dilemas que asume la democracia y la política en esta época en América Latina, véase Lechner *La democracia entre la utopía y el realismo*, trabajo en el cual dicho autor promueve aparte de retomar la discusión sobre los modelos democráticos en América Latina, un modelo intermedio entre lo real y la utopía al que califica como "democracia posible", 1995: 104-115. Véase su ensayo, 2002.

[110] *Cf.* Lechner, 1995, señala que la descomposición de la política institucional tiene lugar, con motivo de que los partidos políticos no logran agregar los múltiples intereses segmentados y sensibilizados. Para una mayor profundización consúltese Lechner 1996a, 1996b, 1995; Madueño, 1997; Novaro, 1996; Ramos Jiménez, 1997, 2016; Rivas Leone, 1997, 1999, 2002a, 2002b.

democrática, incluso, no solo se cuestionan a los actores sino también su legitimidad y eficacia.

Robert Dahl[111] refiere el hecho de que a pesar de sus imperfecciones, sin embargo, nunca podemos perder de vista los beneficios que hacen a la democracia más deseable que cualquier alternativa factible a la misma, destacando:

- La democracia ayuda a evitar el gobierno de autócratas crueles y depravados;
- La democracia garantiza a sus ciudadanos una cantidad de derechos fundamentales que los gobiernos no democráticos no garantizan ni pueden garantizar;
- La democracia asegura a sus ciudadanos un ámbito de libertad personal mayor que cualquier alternativa factible a la misma;
- La democracia ayuda a las personas a proteger sus propios intereses fundamentales;
- Solo un gobierno democrático puede proporcionar una oportunidad máxima para que las personas ejerciten y vivan la libertad de autodeterminarse, es decir, que vivan bajo las leyes de su propia elección;
- Solamente un gobierno democrático puede proporcionar una oportunidad máxima para ejercitar la responsabilidad moral;
- La democracia promueve el desarrollo humano más plenamente que cualquier alternativa factible;
- Solo un gobierno democrático puede fomentar un grado relativamente alto de igualdad política;
- Las democracias representativas modernas no se hacen la guerra entre sí;
- Los países con gobiernos democráticos tienden a ser más prósperos que los países con gobiernos no democráticos.

Objetivamente debemos señalar que la democracia, si bien es cierto, posee fallas e imperfecciones, no es menos cierto que de frente a otros regímenes goza de ventajas y, por tanto, los ciudadanos debemos aportar a ella y su permanente revitalización como ideal y como tipo de régimen político.

Por otra, no hay que perder de vista que la democracia no puede ser reducida o limitada a mera gestión por parte de un grupo o élite de los asuntos

---

111   Robert Dahl, 1999: 72. Además, Rafael del Águila, 1997.

públicos, la democracia es mucho más que gestión, es deliberación, proyectos, diferencia, más conflicto que consenso. La democracia no es solo una idea, es también una realidad que supone conflicto, instituciones, procedimientos y derechos. Lo cierto del caso es que cuando estos componentes o partes integrantes fallan, o están ausentes se produce una mutación y alteración de la democracia, tanto como ideal, así como realidad.

Uno de los mayores trastornos de casi toda la región latinoamericana fue lamentablemente el modesto rol desempeñado y posterior fracaso de la élite dirigente, particularmente su precariedad e ineficiencia en la conducción de los procesos económicos y políticos, que junto a otros factores y variables de tipo organizativo y funcional, destacando su bajo nivel de desempeño, tanto de la clases dirigentes como de los partidos terminaran produciendo situaciones de deterioro del entramado institucional, impopularidad y ruptura entre los electores y los elegidos, entre Estado y ciudadano, entre la política y la ciudadanía.

En este sentido, se ha observado en los últimos años el hecho de que la política "democrática" no debe reducirse a la simple toma de decisiones de un determinado grupo en el poder, como de hecho sucedió. La política debe ser vista antes que nada como proyecto, instancia de representación, deliberación y participación. Sin embargo, como señala acertadamente Lechner "en la época reciente estamos registrando el cuestionamiento de Estado y de la política como instancias generales de representación y coordinación de la sociedad"[112].

Lo cierto del caso es que los desfases, fallas y algunas distorsiones importantes en las formas de hacer política consideradas tradicionales, pueden dejar el espacio abierto o las posibilidades para la adhesión afectiva o el apoyo a nuevas fórmulas que conforman en su lógica, procederes y acciones una regresión o retroceso, además de constituirse en amenazas latentes para la institucionalidad democrática.

De manera tal, que la propuesta de repensar la democracia en la región y en Venezuela, desde sus procedimientos e instituciones hasta sus contenidos y desafíos en el nuevo milenio, nos parece una tarea requerida, más que justificada en los actuales momentos de vaciamiento institucional y de retorno de nuevos actores políticos con proyectos cuyos contenidos no son necesariamente democráticos.

---

[112]   Norbert Lechner, 1996a: 106.

Problemas actuales de la democracia en América Latina

Estamos viviendo momentos de crisis y de cambios muy profundos. Toda crisis implica un proceso de destrucción y construcción que nunca es simultáneo, un proceso en el que, al diagnóstico conocido de los vicios presentes y a la certeza de las estructuras e instituciones viejas, se opone la incertidumbre de lo desconocido y de las alternativas futuras. En esta situación, los sistemas democráticos se ven obligados a mantener un difícil equilibrio derivado de las tensiones provocadas entre una estructura social y tecno-económica, burocrática y jerárquica, y un orden político formalmente asentado en la igualdad y la participación[113].

¿Cómo dar respuesta a esa inestable anomalía, a ese desfase actualmente vigente entre las nuevas realidades sociales y el viejo orden político? En el momento actual se está optando, con carácter general, por mantener una defensa a ultranza de la vieja normalidad, atrincherarse en las viejas instituciones y estructuras, manipular su funcionamiento y otorgarles una función que tiene muy poco que ver con la que realmente les corresponde. Ello supone desvirtuar el papel de esas instituciones convirtiéndolas, en no pocos casos, en un puro simulacro como ha pasado en Venezuela en los últimos años.

En la medida en que en América Latina o más específicamente en Venezuela, tengamos democracias con grandes déficits institucionales, las sombras de autoritarismos, populismos y regímenes plebiscitarios estarán siempre al acecho. Enrique Peruzzotti, precisa con riguroso acierto que "las sociedades latinoamericanas deben regresar a sus raíces históricas a través del restablecimiento del constitucionalismo como herramienta privilegiada de reconstrucción institucional. De lo contrario, lejos de lograr ansiadas metas de consolidación democrática y reforma del mercado, retornarán al estéril patrón pretoriano"[114].

La realidad polifacética y heterogénea de muchos de nuestros sistemas democráticos, sometidos a diversos tipos de presiones, está exigiendo más afinados análisis y explicaciones. Estamos convencidos de que nuestras apreciaciones y diagnósticos, no pueden gravitar sobre los códigos y esquemas teóricos y conceptuales tradicionales. Nuestros regímenes, líderes,

---

113   Daniel Bell, 1982: 23-ss.

114   Véase de Enrique Peruzzotti su ensayo, 2001: 149-165.

instituciones y prácticas políticas se debaten así entre la tradición (prácticas tradicionales) y la modernidad (innovación). De aquí que los procesos registrados estén exigiendo hoy en día un tratamiento y explicación más cercana a la ciencia política y sociología principalmente.

Si la política de nuestro tiempo realmente se encuentra en una situación difícil, Norbert Lechner llega a señalar "que la política ya no es lo que fue", lo cierto del caso es que registramos un agotamiento de nuestros actores y formas de hacer políticas y consiguientemente un sinnúmero de planteamientos de autores tantos europeos como latinoamericanos[115] que son partidarios en su gran mayoría de la imperante necesidad de repensar y redescubrir el verdadero rostro de la política, buscando con ello acercar nuevamente al ciudadano común que ha terminado aborreciendo a la política y asociándola con la traición.

Nadie pone en duda que nuestros políticos (mediocres y pragmáticos) y nuestras instituciones políticas, comenzando por los tan cuestionados partidos políticos, han contribuido notablemente con su actuación al descrédito de la política y a la devaluación de la democracia como régimen político, se observa una carencia y falta de espíritu público, de vocación de servicio (en el sentido weberiano) que incorpore el "vivir para y no de la política".

Es decir, el desdibujamiento de la política y principalmente de los actores políticos se ha traducido en estos años en una política reducida a la acción de unos pocos, como actividad que tiende a privatizarse desde el momento en que se reducen los canales de participación, banalizándose el espacio público con un colectivo que solo adopta bien sea un papel pasivo[116] e indiferente (no se involucra ni participa en política), o bien un papel activo negativo (cuestiona a la política, desarrolla aversión y rechazo).

---

[115]   *Cf.* El trabajo que en común desarrollaron dichos autores en la obra de Martha Rivero, 1996. Además véase Ramos Jiménez, 1997, 2016; Lechner, 1995, 1996a; Rivas Leone 2000a, 1999; Mols, 1987; Madueño, 1999; Todorov, 2016; Innerarity, 2020a.

[116]   Fernando Vallespín nos describe un estado de fatiga civil en donde la democracia termina degenerándose en una "demo-esclerosis" que, lejos de motivar al ciudadano a participar, lo invita a una huida hacia lo privado. *Cf.* Fernando Vallespín, 2000: 174-175. Además, véase el reciente planteamiento de Daniel Innerarity, 2002, en el que dicho autor esboza ampliamente el proceso de descomposición y transformación de la política, destacando la argumentación que lleva a cabo de la política como posibilidad, oportunidad, invención, compromiso y mediación.

Nuestros ciudadanos precisan de una política que aparte de democrática, promueva una mejor calidad, que supere la improvisación y el pragmatismo. El objetivo específico de esta reorientación de la política debe retomar a los partidos, cuestionar a sus dirigentes y, por supuesto, repolitizar al ciudadano que demanda la ampliación del espacio público. La democracia no es algo dado *per se,* sino que es algo que se construye día a día, partiendo de esta idea necesitamos conformar un nuevo imaginario colectivo.

El deterioro de los sistemas de partidos en la región, coincide con una cierta fragilidad de nuestros sistemas democráticos que atraviesan serios problemas en su gestión y desenvolvimiento gubernamental, con una neta tendencia de aumento de demandas no acompañadas del aumento de los recursos y capacidades de los gobiernos, generando así situaciones de ingobernabilidad. Entendiéndose esta última como déficit de las democracias modernas, caracterizado por el deterioro de la legitimidad de estas últimas, fenómeno que viene acompañado de altos niveles de ineficiencia. Los desafíos que en el momento actual asumen nuestras democracias, sometidas a presiones de diversa índole, provienen no solo del exterior sino de las propias estructuras, condiciones y funcionamiento interno.

Si bien es cierto que estamos viviendo momentos de cambio y reordenamiento, principalmente en el campo de nuestras agencias políticas, estas atraviesan una suerte de fatiga y cierto declive, generando consecuencias importantes para el funcionamiento de nuestros sistemas políticos.

De manera que nuestras neodemocracias, particularmente sus principales actores, no solo están reproduciendo viejos vicios y distorsiones, sino que registran aquellos que ha destacado tanto Norbert Lechner como Gurutz Jáuregui[117], como importantes desfases entre las promesas y los logros, entre los ideales y los hechos, razón por la cual se postula en palabras de Lechner "una democracia de lo posible" con mayores logros y satisfacciones ciudadanas, reduciendo la brecha entre la utopía y la realidad. El resultado de la política como actividad degradada, no es otro que su incapacidad para aceptar a la democracia por sus virtudes intrínsecas, sino por los defectos de los otros sistemas. Y esta es una opción por exclusión, señalando el hecho de que la democracia no sirve, simplemente se la soporta.

Es a partir de la necesaria formulación de críticas hacia nuestros modos de hacer política, a la burocracia improductiva, a los vicios alojados en

---

117   *Cf.* Norbert Lechner, 1995; Gurutz Jáuregui, 1996: 4.

el sistema y reproducidos en diversas escalas y niveles, y naturalmente a la excesiva personalización de la política en América Latina, que podremos pensar en nuevas alternativas, en la imperante necesidad de repensar la democracia como uno de los principales desafíos impuestos por la política en América Latina en la actualidad.

Renunciar a la aspiración de un sistema mejor o, en definitiva, de un mundo mejor, implica renunciar a una de las aspiraciones más queridas del ser humano como es el deseo de perfección constante, y eso, en el ámbito político, puede acabar derivando en una renuncia al propio sistema democrático. La democracia es el resultado y producto de la tensión, el disenso y el conflicto. A partir de la crítica es posible plantear su revalorización en la actualidad.

Los desafíos de la política democrática y la revalorización de la democracia

Reflexionar sobre la democracia en América Latina hoy en día, significa necesariamente comprometerse con la reflexión acerca de las nuevas realidades y desigualdades sociales y políticas. En este sentido, nos acogemos a la inquietud de algunos autores que abordan la cuestión democrática[118], tanto a nivel global como de América Latina, sostienen la imperante necesidad de repensar la democracia y con ella sus instituciones, actores, proyectos y prácticas.

Hemos señalado que si la democracia es el producto resultante de la dialéctica existente entre los hechos (realidades) y los valores (ideales); los grandes autores y pensadores del siglo XX, desde Norberto Bobbio a Giovanni Sartori, de Robert Dahl pasando por David Held hasta Arend Lijphart, nos recuerdan que una democracia sin valores es una democracia a la deriva, una democracia inerme, incapaz de generar los anticuerpos y correctivos necesarios para responder a las amenazas latentes y desafíos del presente y futuro de nuestros pueblos.

---

[118] Véase los planteamientos de Agapito Maestre, 1996, 1997; Michael Saward, 2003; Norbert Lechner, 1996a, 1996b, 1997, 2003; Alfredo Ramos Jiménez, 1997; César Cansino y Ángel Sermeño, 1997, entre otros. Además, los trabajos clásicos de Giovanni Sartori, 1998, 1994; Norberto Bobbio, 1985; Robert Dahl, 1999; Arend Lijphart, 2000; Daniel Innerarity, 2020a.

El resurgimiento de mesianismos y populismos de diverso cuño, junto a ideologías transversales y separatistas, amenazan no solo a la democracia, sino que su acción pone en entredicho los contenidos y procedimientos de esta última en tanto proyecto de orden social.

Debemos adecuar nuestros actuales sistemas democráticos a las nuevas realidades corrigiendo y optimizando por vía del diseño institucional y la propia ingeniería política, aquellas situaciones de déficit en materia de ejercicio gubernamental y de funcionamiento de las propias instituciones, al mismo tiempo poder corregir el desfase presente entre sociedad civil, las diversas instituciones políticas y el propio Estado sometido a reformas truncadas y demandas no satisfechas.

Los procesos con cierto agotamiento y declive de nuestras agencias y organizaciones políticas, el deterioro funcional de las clases dirigentes, los problemas de gobernabilidad y los propios cambios que asume la política en esta parte del mundo, junto a la creciente personalización del poder en detrimento de la institucionalidad democrática, aunando a otros fenómenos, conforman el principal indicador y denunciante de producir nuevas tematizaciones, modelos y planteos que nos permitan asumir por un lado los desafíos, por otro lado, se requiere salvaguardar las bases y valores elementales de la democracia, readecuando las instituciones, los procedimientos y contenidos según los requerimientos y necesidades de nuestros sistemas políticos en los diversos contextos de la región.

De acuerdo con César Cansino y Ángel Sermeño, estamos observando que "nuestras jóvenes democracias están desarrollando en la actualidad patrones diferentes y francamente irregulares (ineficiencia estatal, despolitización y apatía política, reducción de la democracia a su dimensión electoral en presencia de sistemas de partidos débiles y en franco declive) con respecto a lo normalmente asociadas a las democracias consolidadas, estables, fuertemente institucionalizas"[119].

La sociedad civil y el hombre público (ciudadano), como base de todo imaginario democrático y representantes legítimos del poder político, deben ser resituados y repensados en las actuales circunstancias de nuestras democracias, de manera que no queden y se agoten en simples categorías analíticas y teóricas, sino que tengan un referente práctico y real en el seno de nuestros sistemas democráticos y de nuestras prácticas políticas.

---

[119]   *Cf.* Cansino y Sermeño, 1997: 558. Además, Lechner, 1991, 1995.

En este sentido, planteamos no solo la demanda de repensar a la democracia, sus contenidos y sus logros, sino de revalorizarla en los momentos actuales donde la informalización y la personalización que han desembocado en la llamada antipolítica y el neopopulismo, hacen de las suyas y ganan espacio en contextos políticos caracterizados por el declive y deterioro de la salud de los partidos políticos, donde la democracia es evaluada por la mayoría de ciudadanos y se muestra como pobre e ineficiente[120]. La democracia en América Latina debe repensarse y revalorizarse, no debe identificarse con las malas formas de gobierno y la mala política.

La profundización de la democracia implica la búsqueda permanente de fórmulas dirigidas a la reducción del abismo del que hemos hablado entre la democracia como ideal y la real. Así, a partir de la sociología, filosofía política, historia y la ciencia política se ha postulado una serie de propuestas para pensar y repensar la democracia en América Latina, conformada por sociedades tan desiguales, caracterizadas por desequilibrios culturales, económicos y políticos. De este modo, comenzaríamos la construcción de modelos que no solo nos permitan qué tan democráticos (o qué tan poco democráticos) son nuestros sistemas, sino sobre todo que nos permita proyectar qué tan democráticos pueden ser en el futuro[121].

Los desafíos y amenazas de nuestras democracias siguen estando presentes en nuestra historia actual, en gran medida el fracaso de un determinado modelo de hacer política (democracia de partidos), en el cual los actores individuales (clase política) como colectivos (partidos políticos) entraron en una fase de disfuncionamiento, dejando de ser los canales idóneos para la representación, canalización de demandas y participación ciudadana. A lo que debemos agregar aquellas situaciones de rechazo, desarraigo, apatía política y despolitización, condiciones estas que han sido aprovechadas por esta nueva ola de liderazgos mesiánicos y populistas (Hugo Chávez Frías y Nicolas Maduro en Venezuela, Hugo Banzer y Evo Morales en Bolivia, Alberto Fujimori en el Perú, anteriormente Abdalá Bucaram o más recientemente Rafael Correa en Ecuador), figuras que han cautivado la atención y el respaldo popular de nuestros (incautos) electores.

---

120   Norbert Lechner señala que la tendencia hacia formas plesbicitarias o el recelo frente a los partidos políticos en América Latina, son síntomas de carencias profundas en diversas áreas de nuestras democracias. *Cf.* Lechner, 1991. Además, véase Novaro, 1996; Rivas Leone, 1997, 1999; Ramos Jiménez, 1997

121   *Cf.* Cansino y Sermeño, 1997: 559.

Nuestras democracias *sui generis*, siguen padeciendo aquellas prácticas, procedimientos y conductas anómalas, como claros indicadores de ineficiencia y deterioro de la legitimidad de los gobiernos (gobernabilidad), el deterioro sostenido de las organizaciones y de los sistemas de partidos tradicionales (México, Perú, Venezuela, etc.) acompañado del resurgimiento de iniciativas autoritarias variadas, y la persistencia cada vez mayor de demandas de participación y de reivindicaciones de diversa índole de parte de la sociedad civil. Fortalecer esta última no es una alternativa del Estado. Por el contrario, consiste primordialmente en una reforma del Estado que persiga y fortalezca su carácter democrático.

Asimismo, encontramos la incapacidad de los actuales sistemas democráticos para adecuarse a las nuevas realidades y situaciones. El desfase entre la sociedad civil y las instituciones, entre la constitución formal y la constitución material, resulta lisa y llanamente abismal en muchos países y sociedades latinoamericanas. Mientras que la realidad social, política, económica, cultural, tecnológica, etc., se apresta con decisión a afrontar los retos del siglo XXI, los vigentes sistemas políticos democráticos siguen anclados en los viejos esquemas decimonónicos o, en el mejor de los casos, en un sistema institucional diseñado en otrora época para un mundo y unas realidades que poco o nada tienen que ver con el momento actual y, menos aún, con los retos y amenaza que tiene la democracia y la política en la actual era post Covid-19.

A consecuencia de ello, los sistemas políticos democráticos actuales cada vez se hallan menos capacitados para atender de forma real y efectiva a dos de sus aspectos básicos como son, de una parte, el control de los gobernados sobre los gobernantes, y de la otra, el control mutuo entre los gobernantes.

En el momento presente la democracia se halla sometida a un doble reto. De una parte, debe de actualizar y profundizar el contenido de sus fines, adecuándolos a los valores sociales, éticos y culturales vigentes. De la otra, debe llevar a cabo una profunda transformación de las bases institucionales en las que se asientan los vigentes sistemas democráticos y en ello le va su propia supervivencia.

Política, economía y sociedad en Venezuela post Covid-19

El fenómeno de desencanto pareciera que no solo se asume y se relaciona hacia y con los partidos, sino incluso, con la democracia en Venezuela. Los ciudadanos expresan de una manera evidente el descontento no participando, y si optan por participar lo hacen a través de nuevas figuras, estilos, concepciones y actores. Es decir, todo esto revela que se está inmerso en un proceso de cambio y de transformación, definido por una marcada reducción y participación política, desde el momento que tienden a reducirse los canales y ámbitos de la participación política tradicional, en paralelo merma el interés por la política, cabría plantear si es el resultado o consecuencia de la pérdida de credibilidad de los ciudadanos en los procesos electorales y en el propio sistema o si corresponde a una coyuntura especifica de estos años de revolución con sus respectivas consecuencias y distorsiones.

Los problemas de representación y los desbalances presentes en buena parte de instituciones integrantes del sistema político venezolano, junto al agotamiento de la calidad de la política formulada y llevada a cabo en el seno de los nuevos y débiles partidos en vía de institucionalizase, entre ellos, el Movimiento V República (MVR) y el Partido Patria para Todos (PPT), y de las viejas agrupaciones, entre ellas el Partido Comunista Venezolano (PCV) y la facción del Movimiento al Socialismo (MAS), y más recientemente, el Partido Socialista Unido de Venezuela (PSUV), todos integrantes de la coalición oficialista en torno al presidente Chávez y Maduro respectivamente, siguen desvirtuando y deteriorando nuestra democracia, sus procedimientos y contenidos, condicionando desde ya la viabilidad de los programas y reformas que a partir de 1998 hasta nuestros días se han intentado implementar. El correlato de Venezuela se expresa en un régimen híbrido o una democracia desdibujada en la que conviven patrones y formas democráticas con autoritarias y plebiscitarias.

Venezuela no solo requiere repensar su democracia, incluyendo sus contenidos y metas alcanzadas hace décadas, sino además, es imprescindible una tarea de revalorización y recuperación del tejido institucional en los momentos actuales frente la informalización y la personalización de la política (registrada en la era Chávez) basada en la antipolítica, el militarismo y el neopopulismo como tendencias y fenómenos que emergieron y ganaron espacios en contextos políticos de deterioro democrático y de precaria salud de los partidos políticos y de la propiedad institucionalidad democrática.

Las situaciones variadas que registramos obligan que la democracia en Venezuela y por supuesto en el resto de América Latina deba evaluarse, repensarse y revalorizarse. Nuestros regímenes no deben identificarse con las malas formas de gobierno y la mala política que hemos tenido en determinados periodos, ni tampoco con el militarismo o autoritarismo como opción en el caso venezolano, y ello pasa por recuperar el tejido institucional, normativo, axiológico y evaluar los resultados de la democracia como una tarea implícita e impostergable.

Las amenazas y desafíos a nuestras democracias siguen estando presentes en nuestra historia contemporánea. La democracia venezolana ha pasado por ondulaciones y vaivenes, periodos de estabilidad y fortaleza, momentos de crisis por el deterioro de un determinado modelo de hacer política (democracia de partidos) en el cual los actores individuales (clase política) como los actores colectivos (partidos políticos) entraron en una fase de disfuncionamiento, fenómeno este observado en otros países vecinos y aprovechado por nuevos actores políticos para irrumpir y desplazar no solo a los partidos, sino modificar substancialmente las reglas de juego y el propio tejido y musculatura democrática.

Al evaluar el desempeño de la Revolución Bolivariana con Chávez y Maduro (1998-2020), sobresale el que han reproducido y aumentado exponencialmente viejas prácticas y vicios imputados al pasado cercano, afectando todo el tejido social, económico, productivo, cultural e industrial del país, en paralelo, se fue fortaleciendo un modelo autoritario basado en la militarización de la política y de la sociedad venezolana, fenómeno que se expresa entre otros aspectos en la ocupación de cargos, magistraturas y representaciones del alto gobierno en manos de militares, además de una marcada propensión y tendencia a la compra de equipos militares, armamento y demás en estos años de revolución.

Por otra parte, en paralelo al fenómeno de la militarización de la política y sociedad con sus respectivos efectos, se han producido profundas distorsiones en la conducción del país, la economía y finanzas que explican el grado de postración del país andino. La lista de distorsiones en la economía venezolana durante el gobierno de Hugo Chávez Frías (1998-2013), y su acentuación con Nicolás Maduro (2013-2020), son las principales claves para entender la dimensión y consecuencias de la situación actual calificada de "crisis humanitaria compleja" agravada por supuesto posterior al Covid-19.

Los graves efectos de la indisciplina macroeconómica, la destrucción del sistema de precios, el tipo de cambio, la pulverización del signo monetario, disminución de las reservas, la expansión monetaria a gran escala, los controles de precios desestimulando la producción y desincentivando la inversión privada, junto con el debilitamiento sistemático de las instituciones públicas, entre ellas, las responsables de la elaboración y producción de las estadísticas económicas, son parte de la debacle actual, inédita por lo demás en nuestra historia económica.

Reconocidas y acreditadas voces que han estudiado la economía nacional (Oliveros, 2017; Balza Guanipa *et al.*, 2018), señalan que Venezuela difícilmente podría derrotar la hiperinflación actual sin una formulación clara de política fiscal, monetaria y cambiaria, junto a la estimulación de la oferta de bienes y servicios, y la consecución de un mercado más natural, con menos controles de precios y de cambio, entre otras medidas que persigan frenar la hiperinflación creciente en Venezuela del último bienio (2019-2020), que es de las más altas en la historia de la inflación a nivel mundial.

Hemos insistido, junto a muchos analistas, politólogos y economistas, que Venezuela no puede producir un cambio de modelo y sociedad, si no asume indudablemente un conjunto de acciones en varias direcciones y que, naturalmente, por su envergadura pasan por un cambio de gobierno que asuma como tareas prioritarias un Plan de Estabilización o de Emergencia Nacional que integre y persiga la formulación e implementación de:

- Primero, de Política macroeconómica orientadas a disminuir la tasa de hiperinflación;
- Segundo, de Política fiscal basada en una sostenibilidad fiscal, aspecto que demanda el balance del presupuesto y sus fuentes de financiamiento, mejorar la eficiencia del gasto público, reducir la vulnerabilidad fiscal;
- Tercero, de Política monetaria, ya que urge recuperar el valor del signo monetario o moneda, así como la confianza y capacidad de ahorro, aspecto vinculado a contar con una arquitectura fiscal y monetaria cónsona con la estabilidad económica;
- Cuarto, de Política petrolera, en la que es urgente lograr un tipo de cambio competitivo para estimular justamente a los sectores transables distintos al petrolero con un papel técnico y central del BCV en el manejo de la tasa de cambio; a lo cual se le suman un conjunto de

políticas sectoriales en el área de petróleo, minería, industrias básicas, agroindustria y afines.

El expresidente Chávez no solo promovió y fortaleció lo militar y pretoriano en detrimento de lo civil y ciudadano desde su llegada al poder, sino que terminó preso de sus propios temores y laberintos en el seno de sus compañeros de armas, aspecto que determinó su propia sucesión en manos de Nicolás Maduro Moros como presidente impuesto tras el fallecimiento de Chávez en 2013, posteriormente electo, este último considerado en la historia de Venezuela con la peor gestión, valoración y apoyo popular, precisamente por la ausencia de una gestión y por ende siendo responsable del estancamiento económico y social, que junto a un sin número de aspectos y variables terminan produciendo una situación de tal nivel crítico y deterioro exponencial, que Venezuela ha sido considerada y calificada como una "crisis humanitaria compleja".

Las distorsiones de toda índole estuvieron presentes a lo largo del gobierno del presidente Chávez, y se han profundizado con Nicolás Maduro (devaluaciones, expropiaciones de tierras y empresas, estatizaciones, aumento de la dependencia de las importaciones hasta hace pocos años, devastación del aparato productivo, sostenidos controles de precios y cambiarios, escasez de los productos de primera necesidad, aumento de la pobreza, miseria y desnutrición, etc.), aspectos estos últimos potenciados y que conforman parte de la crisis humanitaria actual, que ha sido objeto de evaluación de parte de Acnur, Human Right Watch, Comisiones de la OEA, y la visita de la Alta Comisión de Derechos Humanos de la ONU, con sus respectivos informes (julio 2019 y septiembre 2020), constatándose la situación de vulnerabilidad de la población, violación flagrante de derechos humanos y un sinnúmero de situaciones degradantes a la condición humana que explica parte del éxodo masivo de venezolanos, entre otros temas, discutidos en el Consejo de Derechos Humanos de la ONU (septiembre 2019 y septiembre 2020), donde se aprobó la apertura de una investigación al gobierno de Venezuela por violación de derechos humanos

En el último trienio, en Venezuela, se puede apreciar el deterioro generalizado del país en muchos órdenes y áreas, basta revisar las cifras y estadísticas en términos de economía, salud, educación, productividad, seguridad, poder adquisitivo, infraestructura y transporte, servicios públicos básicos, alimentación y otros ámbitos y sectores, con un impacto directo en la población sobre todo en la más vulnerable. El agravamiento de la situación política, social y económica en el país ha sido exponencial y conforman el motor o principal causa del éxodo de una porción importante de la población (calculada en 5 millones de venezolanos para el segundo semestre 2020) y la caracterización en el 2019 de la situación venezolana como "crisis humanitaria compleja" y su radicalización posterior al Covid-19 o coronavirus.

Debemos recordar que la pandemia mundial, el Covid-19 o virus chino, llega a Venezuela oficialmente (marzo de 2020) en plena crisis humanitaria compleja, definida entre otros rasgos por: el deterioro del aparato productivo, la afectación de los campos, hoy desolados y prácticamente sin producción, la paralización de PDVSA y por consiguiente del país por falta de gasolina, derivados y gas a escala nacional (segundo semestre 2020), afectando transporte público, fletes, transporte de alimentos, medicinas y otros, además de incidir directamente en millones de hogares en el caso del gas, escasez de medicinas, cortes de energía eléctrica, el deterioro de todo el sistema hospitalario y sanitario (por daños de equipos, renuncias de personal por bajos salarios y graves carencias en términos de insumos y vacunas), una población sumergida en hambre y desnutrición, salarios menores a 1 dólar mensual (cifras de diciembre 2020) y una población en términos generales muy vulnerable al Covid-19, en paralelo, un gobierno aferrado al poder con enormes sanciones y limitaciones, plagado de ineficiencia y corrupción, y una oposición sin direccionalidad como rasgos de la peor crisis política y de gobernabilidad que el país registre en toda su historia republicana, entre los aspectos más visibles de la realidad traumática que registra la Venezuela contemporánea post Covid-19.

Posterior a la designación del Consejo Nacional Electoral (CNE) en el segundo semestre de 2020, por parte del Tribunal Supremo de Justicia (TSJ) y la aprobación del cronograma de elecciones legislativas o parlamentarias para diciembre 2020 (que registraron la mayor abstención en toda nuestra historia electoral), el país aparte de estar sumergido en una astronómica crisis con una diversidad de efectos y situaciones, en el seno de la sociedad venezolana no termina de vislumbrase una salida y transición democrática, más aún, los sectores que hacen vida en la oposición, como nunca antes, no logran coincidir en términos de alcanzar unidad, coherencia y direccionalidad en las estrategias y ejecutorias a seguir frente a las elecciones, y la consecuente vía de cambio en un contexto de precariedad institucional, jurídica y de crisis humanitaria compleja.

De tal manera, que los retos y desafíos que se plantean alrededor de la democracia, la política, la propia economía y sociedad en Venezuela post Covid-19 son enormes en todas las aristas y dimensiones que se analicen o ponderen. En lo político, lo social, lo económico, lo energético, lo financiero se requerirá de un esfuerzo titánico no solo a lo interno, sino fundamentalmente demandarán del apoyo internacional e inversión extranjera en áreas prioritarias (salud, infraestructura, telefonía, electricidad, educación, industrias, etc.).

Conclusiones

Los retos que enfrentan nuestras democracias, por lo menos en lo que refiere a América Latina, por ser regímenes más endebles o incipientes que las democracias europeas, están vinculados inequívocamente a profundizar la institucionalidad democrática, la imperante necesidad de contar con una clase política y dirigencia que en el marco de las instituciones democráticas aporten nuevas concepciones sobre el poder, sobre la política y la vida democrática en términos de agendas, procesos y resultados, en total correspondencia con una ciudadanía que sigue reclamando derechos, resultados y recientemente decisiones y respuestas en la etapa post Covid-19.

En América Latina y Venezuela, respectivamente, después de diversos gobiernos de derecha e izquierda y largos ensayos de programas y reformas, la demanda de un Estado más comprometido con los ciudadanos, gestiones más transparentes y eficientes, fortalecer el Estado de derecho, una mejora substancial de la calidad de funcionamiento de los sistemas políticos a partir de más y mejores democracias, siguen estando presentes en los ciudadanos como principales demandas y anhelos.

Después de décadas de vaivenes pudiéramos afirmar que el declive y, si se quiere, la crisis de la forma partido, junto a la frustración de las expectativas y demandas por parte de los ciudadanos en la última década del siglo pasado, condujo a la búsqueda de nuevas formas, actores y organizaciones de acción y participación política en la región, figuras que aprovecharon la situación de cuestionamiento y rechazo de las formas tradicionales para presentarse como una alternativa, no solo de gobierno sino de cambio, principal promesa y slogan de estos liderazgos emergentes, así lo fue en el Perú de Fujimori y Ollanta Humala, la Argentina de los Kirchner o Fernández, el Ecuador de Correa, la Bolivia de Evo Morales o la Venezuela de Chávez y Maduro.

La antipolítica se nutre o tiene su catalizador en el propio disfuncionamiento y, en algunos casos, en la descomposición de los partidos políticos y de los propios sistemas de partidos en la región, ocurridos durante la última década el siglo XX y primeros años del nuevo siglo, además, se nutre en el avance de la corrupción, y por supuesto, en el rechazo común de buena parte del colectivo insatisfecho con la manera de conducir la política y el mismo Estado por parte de las instituciones tradicionales (partidos, ejecutivos, parlamentos, etc.) incapaces de satisfacer los intereses, demandas básicas y responsables de la situación de ingobernabilidad de muchos de nuestros regímenes. La gran paradoja que registra la antipolítica y populismo autoritario en Venezuela (Chávez y Maduro) es que han terminado reproduciendo las distorsiones, carencias y fallas imputadas a la política institucional que tanto cuestionaron y les dio réditos electorales a la llamada Revolución Bolivariana.

Esta suerte de personalización de la política con rasgos antipolíticos y de tipo neopopulista, se presentan como uno de los principales retos y desafíos de las democracias latinoamericanas, y la mayor amenaza contra las perspectivas de la democracia representativa muy disminuida y desdibujada en países como Venezuela, Bolivia, Ecuador o Nicaragua. Insistimos la antipolítica y los *outsiders* representan el mesianismo, el neopopulismo, la democracia plebiscitaria, el autoritarismo, e incluso la anarquía al prescindir de organizaciones estables, fuertes y disciplinadas, así como también no contar con programas políticos, sociales y económicos elaborados.

Por consiguiente, la alternativa viable para nuestras democracias, frente al avance de la antipolítica, gobiernos autoritarios y otras tendencias, es precisamente la imperante tarea de reinstitucionalizar a la democracia con más y mejor democracia, aspecto que presupone una recuperación en términos funcionales de los partidos políticos, su reinserción y redimensión como actores centrales de la lucha democrática, unido a una dirigencia seria, formada, honesta y responsable antes los electores y ciudadanos.

Los retos de la anémica democracia en Venezuela son monumentales y requieren, por consiguiente, de una dirigencia política proclive a desarrollar acciones acordes con la recuperación de la institucionalidad democrática, y por supuesto, esfuerzos y decisiones en beneficio de la sociedad en su conjunto que reclama un proceso de cambio y transición que en el segundo semestre del 2020 no se vislumbra cercano. Venezuela muestra, al igual que otros países de la región, una clase política poco estructurada y a la altura de los desafíos que está reclamando una sociedad sumergida en una crisis humanitaria compleja, sin contar los efectos del Covid-19 que, ciertamente en las primeras de cambio, golpean y agravan la ya crítica situación económica, empresarial y social nacional.

El país y la sociedad venezolana están reclamando no solo la solución a los problemas más severos y graves, entre ellos, desempleo, inseguridad, recuperación de la educación y salud, sino además, reglas de juego claras y definidas en materia de manejo de la economía, de una nueva política petrolera y energética, el rescate de la propia legalidad y Estado de derecho, entre otros aspectos, los cuales pasan obligatoriamente por una transición política y un cambio de gobierno, no olvidemos que la experiencia venezolana es casi única de estatización y autocratización de la política, la economía y demás ámbitos en estas décadas de revolución bolivariana.

Tres variables o aspectos hacen complejo el proceso actual venezolano, y conforman la diferencia o claves en comparación con cualquier otro periodo o transición en nuestra historia nacional, e incluso, en la región latinoamericana, como es: en primer lugar, la injerencia notoria de Cuba y Rusia en la política interna de Venezuela; en segundo lugar, la presencia desmedida de la Fuerza Armada Nacional Bolivariana (FANB) copando todos los espacios del Estado; y, en tercer lugar, la desinstitucionalización de los partidos políticos, aspectos que condicionan la crisis actual y condicionan la propia transición política.

La recuperación de la democracia, su profundización y un buen gobierno junto a otros aspectos, será una variable a evaluar posterior a los efectos y consecuencias en términos económicos, humanos, financieros, sociales y demás post pandemia (Covid-19), aspecto relacionado a infraestructuras hospitalarias, salud preventiva y curativa, desempeño de las instituciones y gobiernos, decisiones oportunas y, especialmente, en términos de liderazgos, aspectos que en su conjunto representan enormes retos a los gobiernos y las propias democracias, tantos las consolidadas de Europa como también a las democracia débiles de América Latina y especialmente por parte de la deteriorada institucionalidad democrática en Venezuela.

> *El mal gobierno ha sido siempre la peor plaga de la historia humana, pero lo ha sido con una evidencia especial e insultante en el siglo XX ... catástrofes, guerras mundiales, cientos de millones de personas asesinadas y torturadas ... un siglo XX injusto, despiadado, sanguinario, gobiernos sin controles ciudadanos y sin altura moral, integrados por personas escasamente preparadas y dominados por partidos políticos mutantes y desnaturalizados, que han perdido el norte y la mesura, un caldo de cultivo óptimo para el error y el mal gobierno.*

— FRANCISCO RUBIALES, 2007

> *No hay democracia sin una opinión pública que ejerza un control efectivo sobre el poder, formule sus críticas y haga valer fundadamente sus exigencias. Todo ello presupone que dicha opinión pública entienda correctamente los procesos políticos.*

— DANIEL INNERARITY, 2020a

CAPÍTULO 5

LA CALIDAD DEMOCRÁTICA: MÁS Y MEJOR DEMOCRACIA

Introducción

El final del siglo XX y los inicios del siglo XXI coinciden con la globalización de los derechos humanos y, especialmente, de la democracia, si bien podemos partir de la premisa que esta última ha ganado terreno frente a otras formas de gobierno en términos de lo que la democracia le ofrece al ciudadano, no es menos cierto que la democracia sigue estando en deuda con los ciudadanos y se confronta con muchas incertidumbres en la actualidad. La realidad diversa y heterogénea de muchos de nuestros sistemas democráticos, sometidos a diversos tipos de presiones y fenómenos, está exigiendo más afinados análisis y explicaciones que permitan hacer avanzar a la democracia y consolidarla, y no hacerla retroceder frente a las tentaciones autoritarias, emergencia de populismos, militarismos, aumento de la corrupción, surgimiento de poderes ocultos y demás fenómenos contrarios a la democracia[122].

Estamos convencidos de que nuestras apreciaciones y diagnósticos admiten una revisión a fin que den cuenta de la cantidad de transformaciones y fenómenos emergentes en el siglo XXI, referidos al funcionamiento de las democracias, el ejercicio de los gobiernos y el papel llevado a cabo por el Estado. Nuestros regímenes, líderes, instituciones, así como las prácticas políticas unidas al tejido jurídico y político exigen mayores y mejores desempeños y actuaciones en función de enarbolar buenos gobiernos, óptimos ejercicios

---

122   Véase ampliamente José Antonio Rivas Leone, 2020: 104-128. Además Javier Pradera, 2014

gubernamentales, consolidar el Estado de derecho y promover una mayor calidad democrática en términos de agendas, desempeño y resultados.

No podemos enarbolar un buen gobierno y una democracia de calidad si no contamos con buenas instituciones. Una buena institución va de la mano con la calidad de la democracia. De hecho, no puede pensarse en calidad de democracia, en agendas, procedimientos, normas y resultados, si no contamos con instituciones optimas, funcionales y adecuadas para impulsar buenos gobiernos y gestiones. En ese sentido, el moderno neoinstitucionalismo del siglo XXI es consonante y afín con el planteamiento de la calidad de la democracia, siempre teniendo en cuenta lo referido a las conductas y comportamientos más de orden colectivo que de orden individual, e igualmente asumir que la base del comportamiento y el desempeño en las instituciones es más normativo que coercitivo. Por ende, todo remite o parte de un buen diseño institucional, organizacional y demás.

La democracia (más allá de los ideales)

Los ciudadanos precisan de una política que aparte de democrática, promueva una mejor calidad, que supere la improvisación y el pragmatismo que muchas veces se traduce en miseria, corrupción y retrocesos. La democracia debe producir mayores logros y resultados en todos los términos. Insistimos, no basta ya vivir en democracia sino además evaluar sus características y su rendimiento como modelo. La democracia no es algo dado *per se,* sino que es un proyecto modelo que se construye día a día, partiendo de esta idea necesitamos conformar un nuevo imaginario colectivo anclado o sustentado en el buen gobierno y en una mayor calidad de la democracia, aspectos que obligan a examinar el funcionamiento y por supuesto el rendimiento de la misma en la actualidad.

El final del siglo XX nos mostró situaciones que dejaron claro que estamos viviendo momentos de cambio y reordenamiento, principalmente en el campo de nuestras agencias políticas, estas atraviesan una suerte de fatiga y cierto declive, generando consecuencias importantes y desarreglos para el funcionamiento de nuestros sistemas políticos democráticos algunos con buena salud, otros con enormes déficits y problemas. Además, en las dos primeras décadas del siglo XXI, la democracia lejos de ampliarse o consolidarse pareciera estar en cierto estancamiento o letargo y esto, en parte, remite a su precario o muy básico funcionamiento.

Particularmente en América Latina, dentro de los cambios que estamos registrando, encontramos que el estudio de la política en la región ha experimentado una transformación sustantiva importante, lo cual se debe justamente al rico laboratorio de fenómenos en que se ha convertido América Latina, y especialmente países como Bolivia, Ecuador y de manera particular Venezuela, este último invadido por una diversidad de situaciones y procesos vinculados al deterioro de los partidos políticos y sistemas de partidos, rupturas, emergencia de populismos de nuevo cuño, golpes de Estado, reordenamientos y procesos de reforma política, institucional y económica, centralización, descentralización y recentralización del Estado, entre otros aspectos que inciden en la conformación de buenos gobiernos y de alcanzar democracias de calidad.

En una perspectiva global diremos que nuestras democracias registran aquello que ha señalado reiteradamente Gurutz Jáuregui (1996) y algunos autores (Norberto Bobbio, Giovanni Sartori, Leonardo Morlino, Daniel Innerarity, Todorov), como importantes desfases entre las promesas y los logros, entre los ideales y los hechos. La realidad actual nos lleva a detenernos críticamente y auscultar a la democracia, partimos de la premisa que renunciar a la aspiración de un sistema mejor o, en definitiva, de un mundo mejor, implica renunciar a una de las aspiraciones más queridas del ser humano como es el deseo de perfección constante, y eso, en el ámbito político, puede acabar derivando en una renuncia al propio sistema democrático.

La democracia contemporánea es el resultado de un largo trajinar y evolución que integralmente es considerado positivo y progresivo. La literatura académica considera que a partir de la crítica es posible plantear su revalorización y perfectibilidad en la actualidad. Hemos señalado que la democracia es el producto resultante de la dialéctica existente entre los hechos (realidades) y los valores (ideales); los grandes autores y teóricos de la democracia contemporánea, desde Norberto Bobbio a Giovanni Sartori, de Adela Cortina a Victoria Camps, de Robert Dahl o Tzvetan Todorov pasando por David Held hasta Arend Lijphart o Daniel Innerarity, nos recuerdan que una democracia sin valores es una democracia a la deriva, una democracia inerme, incapaz de generar los anticuerpos y correctivos necesarios para responder a las amenazas latentes y desafíos del presente y futuro de nuestros pueblos, sociedades y ciudadanos respectivamente.

No perdamos de vista que el resurgimiento de mesianismos, populismos y otros fenómenos de diverso cuño, amenazan no solo a la democracia, sino que su acción pone en entredicho los contenidos y procedimientos de esta última, en tanto proyecto de orden social en función de una ciudadanía que en el siglo XXI aspira no solo vivir en democracia, sino además y principalmente de logros y satisfacciones de la misma.

Estamos frente a un tema complejo porque involucra una diversidad de variables y aspectos que naturalmente destacan tejido institucional, diseños institucionales, marcos jurídicos, ciudadanos, finanzas, demandas, instituciones de diversa naturaleza, relaciones de dirección, subordinación, coordinación, política públicas, gestiones de gobierno, evaluaciones, capacidades, libertades, aspectos descriptivos, normativos, prescriptivos, cuantitativos y cualitativos, así como otros que en su conjunto afectarán positiva o negativamente la calidad de nuestras democracias. En pleno siglo XXI no basta alcanzar y consolidar a la democracia como tipo de régimen político, sino garantizar además estructuras, agendas y resultados como parámetros clave para poder hablar de una calidad democrática como nuevo parámetro propuesto por la ciencia política contemporánea.

La profundización de la democracia implica la búsqueda de métodos y procedimientos dirigidos a la reducción de la brecha entre la democracia como ideal y la real, y ello implica que la democracia sin renunciar a sus ideales inequívocamente se asiente en hechos, logros y satisfacciones que la apuntalen y cimenten de manera recurrente. Así, a partir de la literatura académica reciente por parte de la sociología, la filosofía política, el derecho, la historia y la ciencia política principalmente, se han postulado no solo propuestas, sino también categorías para pensar y repensar la democracia en su dimensión universal, no solo a partir de reinventar las instituciones, incluyendo lo referido a la participación, representación, deliberación, igualdad, tolerancia, sino además, bajo complementarios parámetros (gobernabilidad, eficiencia, transparencia, plenitud, desarrollo, buen gobierno y calidad democrática, etc.).

En la actualidad la democracia se halla acechada por múltiples retos. A la democracia se le imputa la necesidad de retomar sus ideales y valores y a la vez profundizar el contenido de sus fines y resultados, adecuándolos a las exigencias y expectativas ciudadanas que en el siglo XXI son mayores y más complejas que cualquier periodo o etapa anterior. Una diversidad de autores y estudios describen que la democracia no atraviesa su mejor etapa y momento, y en buena medida tiene que ver con la necesidad de elevar su desempeño, el papel de sus instituciones, sus logros en términos de progreso, bienestar ciudadano y naturalmente libertades en pleno siglo XXI[123].

La conceptualización de la calidad democrática

En estas dos primeras décadas del siglo XXI observamos un avance importante en los trabajos y estudios que se dedican a examinar el funcionamiento de las democracias y, especialmente, a evaluar su calidad y si se quiere salud, atendiendo a ciertos parámetros o estándares normativos, procedimentales y de otra índole. La ciencia política principalmente está aportando nuevas conceptualizaciones y aproximaciones empíricas muy variadas, alrededor de la democracia y la calidad de la democracia, no solo de politólogos europeos, sino latinoamericanos en esta rica y compleja temática.

Metodológicamente es pertinente señalar que no hay un consenso general alrededor de la definición de la conceptualización de calidad de la democracia, sin embargo, es innegable que es una categoría amplia y rica que condensa muchos aspectos de orden normativo, descriptivo y demás, que hacen de la calidad de la democracia un concepto en alza que recientemente está siendo estudiado y operacionalizado. En la actualidad contamos con algunos estudios, reportes, índices, encuestas mundiales que permiten medir y diagnosticar a la democracia en el mundo, y de manera particular, en lo que respecta a Europa y América Latina (Pérez Yruela, 2010; Latinobarometro, 2018; PNUD, 2019; Freedom House, 2019).

Leonardo Morlino (2005) conceptualiza el estudio de la calidad democrática como el espacio analítico que lleva hacia una democracia ideal, dando por descontados los aspectos empíricos requeridos por la definición mínima de democracia (sufragio universal, elecciones, más de un partido político, fuentes de información diversas y variadas).

---

123   La democracia afronta enormes retos en pleno siglo XXI. Autores como Guy Hermet, plantean que la democracia atraviesa una situación de estancamiento o si se quiere declive. Véase el sugerente ensayo e inventario que hace alrededor de las democracias europeas en su obra, 2008. Otros autores como Daniel Innerarity, 2020a, nos propone una teoría de la democracia compleja que permita gobernar el siglo XXI, precisamente a partir de nuevos parámetros que permitan asegurar a la democracia mayores logros y estabilidad, la democracia como plenitud de la política y la ciudadanía en este complejo siglo XXI.

Tiene mucho sentido para las politólogos que han incursionado en el tema de la calidad de la democracia, partir de una nueva definición de democracia o al menos una definición más amplia, distinta a la que ha prevalecido durante décadas en el seno de la disciplina, es decir, más preocupada en los procedimientos electorales que aseguran la circulación de las élites políticas que en aspectos relativos a la afirmación de los ciudadanos en todos sus derechos y obligaciones, y no solo en lo referente al sufragio. No perdamos de vista que la democracia es mucho más que elecciones o participación electoral, la democracia requiere *sine qua non* la presencia de un estado de derecho, libertades, rendición de cuentas o *acountability*, bienestar ciudadano, garantías, satisfacciones, etc.

En esa perspectiva y dirección han hecho contribuciones estudiosos y teóricos de la democracia, particularmente como César Cansino, Leonardo Morlino, Philippe Schmitter (Schmitter, 2005), este último se propuso, en un ensayo muy citado, ofrecer una definición alternativa: "la democracia es un régimen o sistema de gobierno en el que las acciones de los gobernantes son vigiladas por los ciudadanos que actúan indirectamente a través de la competencia y la cooperación de sus representantes".

Tendríamos al caracterizar y clasificar los estudios y propuestas de los autores que enarbolan la categoría de calidad de la democracia, asumir que el concepto de calidad que se desprende de esta visión de la democracia ha permitido el desarrollo de los estudios desde una triple perspectiva *procedimental, de contenidos y de resultados.*

En el primer caso, la calidad democrática se define como una "estructura institucional estable" que supone, siguiendo al célebre Robert Dahl, contar con elecciones libres, competitivas, inclusivas y universales, Estado de derecho (imperio de la Ley, división de poderes, derechos individuales, igualdad ante la Ley) y una red o estructura de rendición de cuentas que configuran de forma independiente al Estado y a la sociedad. Los estudios desde esta perspectiva se han centrado en la evaluación de las condiciones para la celebración de elecciones, en la solvencia y eficacia de los resultados electorales para determinar quién debe ejercer el poder político, en la efectividad del Estado de derecho y los procedimientos de rendición de cuentas, entre otros[124].

---

124   *Cf.* Morlino, 2005, 2007 2009; Levine y Molina, 2007.

En el segundo caso, corresponde a los estudios sobre la calidad democrática que se han centrado en los contenidos de la democracia de la misma, es decir, en los derechos y libertades concomitantes con los procedimientos democráticos que garanticen formal y materialmente la participación de los ciudadanos[125].

En tercer y último caso, desde la tercera perspectiva la evaluación sobre la calidad democrática ha atendido a la capacidad de respuesta satisfactoria de los gobernantes frente a las demandas de los gobernados[126]. En síntesis, no hay duda que las evaluaciones sobre el estado de las democracias conllevan una visión multidimensional de la calidad, cuyos resultados satisfactorios no cuentan con un único criterio universal y resultan del "peso normativo" que se otorgue a cada una de las perspectivas de análisis.

Un aspecto singular actual es que hay un enorme consenso en el seno de los autores al considerar que la calidad de la democracia se presenta como un nuevo parámetro o indicador para caracterizar, cuantificar y medir a la democracia como ideal de vida y como tipo de régimen político. La calidad de la democracia es una categoría que relaciona ambos ámbitos o niveles, el ideal y el real. Es decir, aspectos cualitativos y cuantitativos. Las sociedades aspiran elevados niveles de bienestar social y económico en simultáneo con altos niveles en materia de libertades cívicas y derechos. Indiscutiblemente estamos en presencia de un concepto y categoría muy amplia en la manera de operacionalizar y medir la democracia, donde encontramos variables y aspectos cualitativos (ideales y prescriptivos) con indicadores cuantitativos (índices, regresión lineal, análisis factorial y otros). Con esta categoría de calidad democrática se abre un amplio ámbito donde convergen muchos politólogos que se han propuesto evaluar qué tan buenas (o malas) son las democracias realmente existentes[127].

---

125   *Cf.* O´Donnell, 2007; Diamond y Morlino, 2004.

126   *Cf.* Morlino, 2005, 2007.

127   *Cf.* Ampliamente los trabajos y propuestas de Cansino, 2005; Rivas Leone, 2013; Mikel Barreda, 2011; David Altman y Aníbal Pérez Liñán, 2002; Scott Maiwaring y Aníbal Pérez Liñán, 2008; Larry Diamond y Leonardo Morlino, 2004, 2009; Frances Hagopian, 2005; Daniel Levine y José Enrique Molina, 2007.

Más y mejor democracia (el debate actual del buen gobierno y calidad democrática)

El debate actual en torno al buen gobierno y calidad de la democracia es totalmente pertinente partiendo de evaluar, diagnosticar y si se quiere medir cómo está la salud de la democracia en el mundo. Nuevos parámetros y estudios permiten señalar que no basta vivir en democracia, sino que la misma debe preservarse y eso implica inequívocamente profundizarla a partir de buenos gobiernos y por tanto, alcanzar democracias de buena calidad, cuestión que involucra una serie de exigencias o parámetros normativos, institucionales, económicos, sociales, culturales, cívicos y demás, que en su conjunto robustecen a la democracia como tipo de gobierno que, sin equívocos, tiene retos y desafíos en la época actual.

Si hablamos de calidad de la democracia y buen gobierno nos estamos refiriendo a un modelo fundamentalmente estructurado en logros y resultados, sociedades con un consolidado Estado de derecho y reglas de juego, instituciones estables, imperio de le Ley en términos de derechos, libertades y garantías constitucionales, transparencia en el uso y/o manejo de dineros públicos, elecciones periódicas, transparentes y confiables como mecanismo de acceder al poder, partidos políticos cimentados y con agendas claras en función de la ciudadanía, pesos y contrapesos en términos de división de poderes públicos, respeto a las minorías, ciudadanos con capacidad de obrar y/o actuar, mayor eficiencia de la gestión pública y políticas públicas, respectivamente, entre otros rasgos.

La calidad de la democracia se presenta como un indicador del desempeño de un determinado sistema político, que puede ser interpretado y evaluado en función de tres dimensiones; es decir, de acuerdo a los resultados obtenidos, de acuerdo a los elementos o variables en sí mismos y, finalmente, de acuerdo a los procedimientos implicados.

En ese sentido uno de los autores prolíficos que ha hecho aportes a este debate y temática es Leonardo Morlino (2005), para dicho politólogo una democracia de calidad es una "buena" democracia. Como es evidente, el problema de definición implica reconocer lo que se entiende por el adjetivo o el *plus* de calidad que posee una democracia considerada "buena". En ese sentido nuestro autor parte de considerar una buena democracia o bien una democracia de calidad como aquel ordenamiento institucional estable que mediante instituciones y mecanismos que funcionan correctamente, realiza la libertad y la igualdad de los ciudadanos mediante el desempeño adecuado de sus instituciones y procedimientos considerados legítimos. Tres variables centrales que propone Leonardo Morlino[128]:

- Primero, una buena democracia es, ante todo, un régimen ampliamente legitimado y, por tanto, estable, que satisface completamente a los ciudadanos (*calidad con respecto al resultado*): solo para un complejo de instituciones que goza del pleno apoyo de la sociedad civil de referencia es posible hipotetizar un avance ulterior en la realización de valores propios del régimen. Si, por el contrario, las instituciones no son confiables, entonces muchas atenciones, energías y objetivos se consumirán por la necesidad de la consolidación o el mantenimiento, y una vez superado el umbral mínimo, se vuelve un resultado apreciable.
- Segundo, los ciudadanos, las asociaciones y las comunidades que forman parte de este tipo de democracia gozan de libertad e igualdad por encima de los mínimos (*calidad con respecto al contenido*); y
- Tercero, los ciudadanos de una buena democracia tienen el poder de controlar y evaluar si el gobierno trabaja efectivamente por aquellos valores con pleno respeto a las normas vigentes, el así llamado *rule of law*; deben ser capaces de vigilar su aplicación eficiente, así como evaluar la eficacia decisional y la responsabilidad política con respecto a las elecciones tomadas por el personal electo también en relación con las demandas expresadas por la sociedad civil (*calidad con respecto al procedimiento*).

El profesor Mikel Barreda[129] nos aporta una tipología, producto de un trabajo comparado, que agrupa buena parte de los diversos estudios y autores que han desarrollado contribuciones al tema de la calidad de la democracia, al correlacionar y precisar una batería rigurosa de dimensiones y variables (Tabla 1).

La mayoría de los argumentos y datos de que disponemos proceden de estudios centrados en aspectos específicos de la calidad democrática, tales como el desempeño de la administración pública, la configuración del sistema de partidos o el nivel de corrupción. En concreto, sobresalen cuatro

---

128   *Cf.* Morlino, 2005: 37-53; Morlino, 2009: 26-35
129   Véase ampliamente Mikel Barreda, 2006, 2011.

Tabla 1
Tipología, dimensiones de la calidad de la democracia.
Fuente: elaboración propia adaptada a partir de Mikel Barreda 2011 y otros autores.

Categoría	Autor/ Año	Rasgos/Variables
DEMOCRACIA (como poliarquia)	José Corbetta Aníbal Pérez Liñan (2001)	Derechos Políticos Libertades Civiles Gobernabilidad Representación Participación Ciudadana
	David Altman Aníbal Pérez Liñan (2002)	Derechos Civiles Efectivos Participación Efectiva Competencia Efectiva
	Scott Mainwaring Aníbal Pérez Liñan (2008)	Derechos Políticos Libertades Civiles
DEMOCRACIA (más que poliarquia)	Larry Diamond Leonardo Morlino (2004) Cesar Cansino (2005) Rivas Leone (2013)	**Procedimentales:** Estado de Derecho Participación-Competencia *Accountability* Vertical *Accountability* Horizontal **Sustantivas:** Libertades (Derechos Políticos y Libertades Civiles) Igualdad (Política y Legal) **Resultados:** Responsiveness
	Frances Hagopian (2005)	**Derechos:** Derechos Políticos Libertades Civiles Justicia y Estado de Derecho Igualdad Socioeconómica **Representación:** *Accountability* Horizontal *Accountability* Vertical **Responsiveness:** Satisfacción Ciudadana Participación
	Daniel Levine José Enrique Molina (2007)	Decisión Electoral Participación Accountability Horizontal Vertical y Social Responsiveness Soberanía

grandes tipos de factores explicativos: estructurales, la experiencia democrática, institucionales y socioculturales. Los cuales en su conjunto inciden en la conformación y desempeño de una democracia de calidad.

Factores estructurales:

- *El nivel de desarrollo de un país favorece la calidad de su democracia.* En particular, se ha insistido sobre la importancia del nivel de modernidad de la estructura socioeconómica, no perdamos de vista que hay una correlación entre los niveles de desarrollo económico, progreso, condiciones de la economía y la calidad de la democracia[130].

- *La desigualdad económica.* La idea o premisa es que una elevada polarización económica es desfavorable para la calidad democrática, entre otras razones porque las élites dirigentes de sociedades desigualitarias son muy reacias a medidas de profundización democrática que hagan peligrar su situación privilegiada o estatus.

La experiencia democrática

Se trata de una idea procedente de la investigación sobre el origen y el mantenimiento de la democracia y que pone el énfasis en el aprendizaje político de cada país asociado a la tradición y cultura política. La tesis es que la probabilidad de que la democracia emerja o perdure es mayor si un país goza de una destacada tradición democrática a diferencia de aquellos países con una limitada o reciente tradición democrática, donde naturalmente los valores democráticos comienzan a cultivarse y arraigarse. Diversos estudios[131] han trasladado esta idea al análisis de la calidad de las democracias latinoamericanas y han verificado la influencia positiva del pasado democrático en el nivel de calidad.

Factores Institucionales

Dentro de este grupo de autores[132] y explicaciones se ha resaltado que la presencia de un sistema de partidos con débil nivel de institucionalización

---

130   *Cf.* Abente-Brun, 2007; Mainwaring y Pérez-Liñán, 2008.

131   Véase Altman y Pérez-Liñán, 2002; Mainwaring y Pérez-Liñán, 2008; Julián David Guachetá Torres, 2020.

132   *Cf.* El clásico trabajo comparado de Mainwaring y Scully, 1995; Además Mainwaring y Torcal, 2005.

tiene consecuencias perjudiciales para la calidad democrática. Los argumentos esgrimidos por los teóricos de la institucionalización son muy diversos, pero conviene resaltar dos principales:

- Primero, un sistema de partidos débilmente institucionalizado plantea problemas para la representación electoral, en la medida en que se hace más fácil el acceso al poder de políticos *outsiders* o "antipartidistas" que –como la experiencia ha mostrado en muchos casos– entrañan riesgos para la calidad democrática (por ejemplo, tendencia a ampliar sus poderes y a debilitar los mecanismos de control al gobierno). América Latina es abundante al respecto en este tipo de casos de partidos y sistemas de partidos desinstitucionalizados.

- Segundo, el ejercicio del control político a través de las elecciones se ve afectado o limitado, ya que en los sistemas poco institucionalizados los ciudadanos deben afrontar mayores costos de información sobre la acción de los partidos y los líderes políticos al no disponer de suficientes pistas informativas facilitadas por los partidos[133].

Factores socio-culturales

En este grupo de factores los autores señalan y atribuyen la baja calidad democrática a la supervivencia de rasgos de una cultura autoritaria, pero sin explicar –como señalan Levine y Molina (2007)– de dónde surgen estos rasgos y las razones de su persistencia. Una de las cuestiones socioculturales a las que más se ha acudido en los últimos años es a la categoría de capital social.

El capital social, en el sentido clásico de Robert Putnam, constituye una de las variables que favorece la calidad democrática. Una de las razones de esto es que el capital social ayuda a fortalecer la responsabilidad democrática, en la medida en que permite a los ciudadanos informarse y debatir sobre asuntos colectivos, buena parte del avance democrático en Europa y ciertos países latinoamericanos tienen que ver justamente con la necesidad de incrementar y fortalecer el tejido institucional, los vínculos ciudadanos y cívicos, de manera particular el capital social como variable clave y trascendental para alcanzar una democracia de calidad.

---

133   *Cf*. Mainwaring y Scully, 1995 y 2008; Rivas Leone, 2008.

Conclusiones

La riqueza de los aportes que se desprenden de los diversos estudios y formulaciones de los autores que han abordado la calidad de la democracia, es que justamente se interrelacionan y complementan al hacer énfasis en aspectos de tipo normativo, funcional, procedimental, indicadores de tipo cualitativo, indicadores de tipo cuantitativo, aspectos jurídicos, sociológicos, politológicos, económicos entre otros, que permiten analizar, caracterizar y medir en ciertos casos variables como instituciones, libertades, derechos, participación, nivel de corrupción, clientelismo, debilidad y fortaleza institucional, representación, contenidos, procedimientos y resultados, entre otros.

El nivel o calidad de la democracia no es una constante ni es lineal, obedecerá a las condiciones de cada país-sociedad, y dependerá de un conjunto de aspectos y condiciones susceptibles de medirse y evaluarse desde el tejido institucional, diseño de las instituciones, desempeño económico, bienestar social y económico, oportunidades, logros, libertades, estaríamos hablando de aspectos asociados a la inclusión, competitividad, convivencia, libertades, participación política, ciudadanía, etc.

Cierta y empíricamente, pueden considerarse varios índices y estadísticas que con metodologías variadas abordan aspectos relativos al desempeño de la política, de los actores, instituciones, procedimientos y otros, intentando medir diversas variables que se traducen en grados de calidad de la democracia. No podemos olvidar una premisa más allá de las ópticas o perspectivas teórico metodológicas que se dispongan alrededor de la calidad de la democracia, y es que si no se consolidan las democracias difícilmente podremos hablar de una calidad de las mismas por consiguiente hablar de calidad de la democracia presupone consolidación y estabilidad democrática.

Más allá de las discrepancias que pudiesen formularse alrededor de los nuevos enfoques e índices que miden la democracia, no puede obviarse que constituyen un avance importante en términos de categorías y nuevas variables que amplían el horizonte teórico metodológico de la calidad de la democracia. Por ejemplo, el *Democracy Index* 2019 (llevado a cabo por la prestigiosa publicación *The Economist*) hace una clasificación en cuatro categorías a saber: democracias plenas, democracias defectuosas, regímenes híbridos y regímenes autoritarios. Los datos referidos a América Latina se hacen y clasifican de la siguiente manera. Regímenes autoritarios: Venezuela, Cuba y Nicaragua. Regímenes híbridos: Salvador, Honduras, Bolivia y Guatemala. Democracias imperfectas: Chile, Trinidad y Tobago, Panamá, Argentina,

Jamaica, Suriname, Brasil, Colombia, Guyana, Perú, República Dominicana, Ecuador, Paraguay y México.

Estamos de acuerdo con Guachetá Torres al señalar que "los estudios sobre democracia en América Latina son amplios en términos de las transiciones desde gobiernos autoritarios, debido a esto, las mediciones de calidad son novedosas porque plantean discusiones en torno al funcionamiento de los sistemas políticos, pero son además instrumentos al servicio de entidades públicas y privadas para respaldar decisiones y modificaciones en los países, estas mediciones responden a intereses políticos y económicos. En la región las mediciones de calidad de democracia se hacen a partir de la desagregación de conceptos, lo cual desemboca en la parcelación de la democracia y su calidad en atributos, llegando a conceptos con definiciones mínimas, las cuales se acomodan a cada medición en particular"[134].

Una alta calidad de la democracia permitirá robustecerla y consolidarla por oposición a una baja calidad democrática y situaciones de crisis que dejará abierto el surgimiento de populismos y neopopulismos, militarismos, antipolítica y formas no necesariamente democráticas, como ha ocurrido en algunos países de América Latina, y especialmente en la Venezuela contemporánea, considerada esta última en varios estudios como una de las democracia de peor calidad en la región, e incluso, en el mundo, convirtiéndose Venezuela en emblema de un mal gobierno y de una pésima calidad democrática. Otro caso excepcional y de estudio es Chile, país que logrando cimentar cierta institucionalidad democrática, un nivel apreciable y sostenido de desarrollo y crecimiento económico durante décadas, padece un deterioro apreciable en términos de calidad de la democracia en el cierre del 2019 e inicios del 2020, dadas las desmedidas protestas que terminaron produciendo daños humanos, materiales, patrimoniales, desempleo, caída del PIB, entre otros, y en la actualidad impulsa una consulta (plebiscito) para iniciar una reforma de la constitución. Entre tanto, Perú intenta producir luego de la destitución del presidente Martin Viscarra, y la inestabilidad política y social producida a finales del 2020, una transición, llamamiento a elecciones en 2021 y por ende elegir un nuevo gobierno que garantice cierta gobernabilidad.

En América Latina se precisa que los ciudadanos deban evaluar el desempeño de nuestros actores políticos tradicionales quienes han tenido

---

134   Véase ampliamente Julián David Guachetá Torres, 2020.

etapas de mal desempeño y anomía. Sin embargo, los actores emergentes (populismos de variado tipo y cuño, militares, anarquistas, regímenes autoritarios, etc.) han sido, en muchos casos, más regresivos y lesivos en términos de sus gestiones y desempeños con el agravante que han deteriorado la institucionalidad democrática (procedimientos, elecciones, etc.), frente a los abusos y desatinos se demanda fortalecer a la democracia, apreciar sus beneficios y logros más allá de las fallas o coyunturas en que algunos actores (partidos y liderazgos) hayan incurrido. Y por supuesto, no solo se debe preservar la democracia, sino tonificarla y elevar su desempeño y resultados frente a las tentaciones plebiscitarias que pululan en la región.

Entretanto, como lo ha sostenido Manuel Alcántara Sáez (2008), la clase política es una variable fundamental que desempeña un papel muy importante en el proceso global de calidad de un sistema democrático. La calidad de los políticos es un concepto difícil de establecer, pero puede integrar en el mismo su experiencia en el seno del partido, su experiencia en el oficio público (como representante o como cargo ejecutivo con un nivel mínimo de responsabilidad) y su nivel educativo.

Una democracia de calidad debería estar basada en el concurso de la legitimidad de sus autoridades y poderes, la eficiencia de sus instituciones, además, el componente valorativo incluyendo por supuesto las expectativas ciudadanas (justicia, derechos, libertades, etc.).

Ciertamente, el reto que enfrentan nuestras democracias, por lo menos en lo que refiere a América Latina por ser regímenes más endebles o incipientes que las democracias europeas, implica inequívocamente profundizar la institucionalidad democrática, la presencia de una clase política y dirigencia que en el marco de las instituciones democráticas aporten nuevas concepciones sobre el poder, la política y la vida democrática en términos de agendas, procesos y resultados en total correspondencia de la ciudadanía. En pocas palabras, un Estado más eficiente, unas gestiones más transparentes y con logros, fortalecer el Estado de derecho, una mejora substancial de la calidad de funcionamiento de los sistemas políticos a partir de más y mejores democracias.

La calidad de la democracia y el buen gobierno junto a otros aspectos, será una variable a evaluar posterior a los efectos y consecuencias en términos económicos, humanos, financieros y demás, producidos por el coronavirus (Covid-19), aspecto relacionado a infraestructuras hospitalarias, salud preventiva y curativa, desempeño de las instituciones y gobiernos, decisiones oportunas, especialmente en términos de liderazgos, aspectos que en su conjunto representan enormes retos a los gobiernos y las propias democracias, tanto las consolidadas como también a las democracias débiles de América Latina.

Corolario

La política constituye un ámbito y proyecto en continua reestructuración en América Latina, los patrones y cánones en la forma de concebirla y practicarla están sufriendo cambios, pudiéramos preguntarnos hasta qué punto de vista la política se debate entre el ideal del consenso y del bien común y la realidad definida por el conflicto, malos desempeños y la incongruencia o incluso barbarie. Nos adherimos a la idea según la cual la política democrática es un proceso permanente, definido por el conflicto y posiciones divergentes, sin embargo, la democracia permite canalizar el conflicto de forma pacífica, procedimental e institucional, y por tanto la búsqueda del consenso sobre reglas de juego, instituciones, procedimientos y demás. que son los que precisamente no atraviesan su mejor momento.

Como lo ha expresado Daniel Innerarity (2020a) en su reciente ensayo al analizar la complejidad de la política y la democracia en el siglo XXI, concluye de forma certera que los tres elementos que modificarán la política de este siglo son los sistemas cada vez más inteligentes, una tecnología más integrada y una sociedad más cuantificada… y agrega el propio Innerarity si a lo largo del siglo XX la política giró en torno al debate sobre cómo equilibrar Estado y mercado (cuánto poder debía conferírsele al Estado y cuánta libertad debería dejarse en manos del mercado), hoy la gran cuestión es decidir si nuestras vidas deben estar controladas por poderosas máquinas digitales y en qué medida, cómo articular los beneficios de la robotización, automatización y digitalización con aquellos principios de autogobierno que constituyen el núcleo normativo de la organización democrática de las sociedades. El modo en que configuremos la gobernanza de estas tecnologías va a ser decisivo para el futuro de la democracia; puede implicar su destrucción o su fortalecimiento.

No obstante, lo que no puede faltar en toda política que se precie de democrática (y por extensión, la democracia como régimen universalmente aceptado por sus bondades), son unos contenidos y valores elementales, ya que su extravío conlleva a un desvío de la democracia y viceversa. Tendríamos así, que tanto la política como la democracia que son proyectos y realidades, no pueden prescindir de sus ideales (y de manera especial del bien común), pues a partir de estos pudiéramos hablar de una cierta perfectibilidad de la política y la democracia respectivamente, en la búsqueda de reducir la brecha o espacio entre las promesas y los logros, los ideales y las realidades.

Daniel Innerarity (2020a) es categórico al señalar un fenómeno de profunda importancia en la actualidad referido a que una opinión pública que no entienda la política y que no sea capaz de juzgarla puede ser fácilmente instrumentalizada o enviar señales equívocas al sistema político. Esta confusión explica buena parte de los comportamientos políticos regresivos: la simplificación populista, la inclinación al decisionismo autoritario o el consumo pasivo de una política mediáticamente escenificada que son los fenómenos que pululan en América Latina y manera particular en la Venezuela contemporánea.

La política en América Latina deviene su análisis como algo difícil y complejo por la cantidad de factores que influyen en la misma, en medio de una metamorfosis o transformación en la *forma de concebir y hacer política*, donde esta última cada vez más es desarrollada y practicada por un conjunto de actores emergentes (*outsiders*, nuevos caudillos, empresarios, candidatos, extra-partido, artistas, entre otros) que tienen en común poner en entredicho el papel de las instituciones democráticas (principalmente de la clase política y de los partidos) y promover gobiernos altamente personalistas y redentoristas.

Tzvetan Todorov (2016: 186) ha expresado en un reciente ensayo que ... la democracia está enferma de desmesura, la libertad pasa a ser tiranía, el pueblo se transforma en masa manipulable, y el deseo de defender el progreso se convierte en espíritu de cruzada y agrega ... La economía, el Estado y el derecho dejan de ser los medios para el desarrollo de todos y forman parte ahora de un proceso de deshumanización.

Asimismo, encontramos que paralelo la llamada transformación de la política, ocurre una redefinición del papel del Estado, se vienen a menos las organizaciones políticas y, naturalmente, se producen serios problemas de representación que tienen un impacto en los ciudadanos. Creemos firmemente que la situación actual de crisis (adjetivada de crisis de gobernabilidad, de la democracia y de las instituciones representativas) en algunos países de nuestra región y particularmente en Venezuela, la intermitencia y deterioro de nuestros modelos nos debe llevar a revalorizar y relanzar la democracia como ideal y como régimen político, a los partidos políticos como organizaciones, y a la política como proyecto colectivo, buscando con ello la viabilidad de nuevos escenarios de gobernabilidad democrática, caracterizados estos últimos precisamente por nuevas instituciones, valores y contenidos democráticos que se traduzcan en mejores niveles de vida ciudadano, y por tanto, en una política y un entramado institucional de mayor calidad.

La estabilidad y estructura del sistema de partidos y sus élites, son un tema crucial para la calidad de las democracias. El sistema de partidos tiene importantes consecuencias para la vida política, esto es, para el funcionamiento de la democracia y, por ende, para sus resultados en términos de políticas públicas. Los partidos son los principales agentes de representación política en sociedades democráticas, junto a las élites, además son casi los únicos actores con acceso a las posiciones electas. Los procesos electorales invariablemente son dominados por estos agentes, procedimiento que les permite influir en la agenda gubernamental y representar grupos diversos de la sociedad.

En este sentido los partidos políticos, como muy bien afirman Mainwaring y Scully, "no solo reflejan, sino que determinan la estructura social, la economía y la cultura" de una sociedad. En el contexto que hemos descrito anteriormente, donde los rasgos predominantes de los regímenes latinoamericanos es la concentración del poder político en los ejecutivos y, por consiguiente, el menoscabo de los otros poderes, lo gobiernos han buscado mecanismos para aumentar su eficacia política y económica.

La ascensión del populismo radical o autoritario en algunos países andinos, y específicamente en Venezuela, ocurre paralelo al desprestigio de las instituciones partidistas como mediadores y representantes legítimos del juego democrático. La precariedad de los partidos políticos se expresa, entre otras cosas, como sucede en Venezuela, insistimos, en su inacción y escasa presencia en órganos legislativos como la Asamblea Nacional o Congreso. En todos los casos de populistas andinos del siglo XXI (Rafael Correa, Evo Morales y Hugo Chávez Frías) encontramos retoricas nacionalistas, antiimperialista, antioligárquicas, actitudes antiinstitucionales y, en ciertos casos, antisistémicos, unidos por supuesto a su carácter confrontacional, voluntad movilizadora, carácter reivindicativo, asistencialista y distributivo, vocación refundacional del país por vía de nuevas Constituciones, finalmente un componente mediático y propensión reeleccionista.

Un elemento definitorio y característico de la Venezuela de fin de siglo XX e inicios del siglo XXI es la promoción sostenida del elemento, dinámica y lógica militar. En las dos últimas décadas bajo la presidencia de Chávez y Maduro registramos, como nunca antes visto en la historia de Venezuela, el desplazamiento de civiles, de cargos, instancias y demás por parte de militares que, en situación de retiro o actividad, hoy ocupan embajadas, gobernaciones, presidencias de institutos, corporaciones, curules en la Asamblea Nacional, ministerios y otras instancias.

El entramado democrático venezolano indudablemente se encuentra en franco declive, como consecuencia de un proceso sostenido en el tiempo que afecta la calidad de la democracia, menoscaba el tejido institucional, atropella lógicas y dinámicas, altera la situación de pesos y contrapesos institucionales donde el poder ejecutivo y el estamento militar copan toda escena y espacio, produciendo una situación muy compleja desde hace dos décadas cuando Chávez fue electo presidente de la República.

La incertidumbre que ronda a Venezuela y, particularmente, a su sistema político, es que si paralelo a la regresión institucional de las dos últimas décadas, con indicadores devastadores en materia económica, social y política, cabría preguntarnos si después de presenciar el país su peor crisis en toda su historia, calificada de "crisis humanitaria compleja", definida por el colapso casi terminal de su sistema de partidos, la ausencia de una vanguardia o élite de relevo, serios problemas de gobernabilidad y subsistencia, y la imposición de una democracia plebiscitaria que raya en el autoritarismo (cuestionamiento radical de las instituciones democráticas), el sistema tendrá las capacidades de recuperación institucional-funcional, que eviten cualquier tipo de interrupción.

Bibliografía

Abente Brun, Diego (2007): "The quality of democracy in small south American countries: The case of Paraguay", en *Working Paper*, n° 343. Kellogg Institute for International Studies.

Águila, Rafael (1997): "La democracia", en Rafael del Águila (ed.), *Manual de ciencia política*. Madrid: Trotta. pp. 139-157.

Aguilar, Susana (1995): "Las nuevas e inciertas bases sociales de la política", en Jorge Benedicto y María Luz Morán (eds.), *Sociedad y política. Temas de sociología política*. Madrid: Alianza. pp. 161-167.

Alcántara, Manuel (2008): "Luces y sombras de la calidad de la democracia de América Latina", en *Revista de Derecho Electoral*, Costa Rica 6: 1-15, disponible en: http://www.tse.go.cr/revista/art/6/ALCANTARA.pdf [fecha de consulta: 29 de noviembre de 2010].

Alemann, Ulrich Von (1997): "Problemas de la democracia y de la legitimación democrática", en *Foro internacional,* n° 147: 32-47, enero-marzo. México: El Colegio de México.

Altman, David; Pérez-Liñán, Aníbal (2002): "Assessing the quality of democracy: freedom, competitiveness and participation in eighteen Latin American countries", en *Democratization*, vol. 9, n° 2: 85-100.

Appadurai, Arjun (2001): *La modernidad desbordada. Dimensiones culturales de la globalización.* Buenos Aires: Fondo de Cultura Económica.

Aveledo Coll, Guillermo Tell (2017): "Los fundamentos ideológicos del sistema político chavista", en Diego Bautista Urbaneja (coord.), *Desarmando el modelo. Las transformaciones del sistema político venezolano.* Caracas: Universidad Católica Andrés Bello / ABC Ediciones / Konrad Adenauer Stiftung. pp. 25-51.

Barreda, Mikel (2006): "Instituciones democráticas y desarrollo en América Latina: la impronta de la desigualdad y la informalidad", en J. Aromando (ed.), *El desafío de la globalización en América Latina: claves para una interpretación.* Buenos Aires: Jorge Baudino Editores. pp. 155-189.

Barreda, Mikel (2011): "La calidad de la democracia. Un análisis comparado de América Latina", en *Política y Gobierno,* vol. XVIII, n° 2: 265-295, II semestre. México.

Bauman, Zygmunt (2001): *En busca de la política*. Santiago de Chile: Fondo de Cultura Económica.

Bauman, Zygmunt (2003): *Modernidad líquida*. Buenos Aires: Fondo de Cultura Económica.

Beck, Ulrich (1997): "La reinvención de la política: Hacía una teoría de la modernización reflexiva", en Beck, Ulrich; Anthony Giddens y Scott Lash, *Modernización reflexiva. Política, tradición y estética en el orden social moderno*. Madrid: Alianza Editorial. pp. 13-73.

Beck, Ulrich (1998a): ¿Qué es la globalización? Falacias del globalismo, respuestas a la globalización. Buenos Aires: Paidós.

Beck, Ulrich (1998b): "La teoría de la sociedad del riesgo reformulada", en *Polis 97*. México: Universidad Autónoma Metropolitana. pp. 171-196.

Beck, Ulrich (1999): *La invención de lo político*. Buenos Aires: Fondo de Cultura Económica.

Béjar, Helena (1988): *El ámbito íntimo. Privacidad, individualismo y modernidad*. Madrid: Alianza.

Béjar, Helena (1993): *La cultura del yo*. Madrid: Alianza.

Bell, Daniel (1976): *El advenimiento de la sociedad post-industrial*. Madrid: Alianza.

Benavente Urbina, Andrés y Julio Alberto Cirino (2005): *La democracia defraudada. Populismo revolucionario en América Latina*. Buenos Aires: Grito Sagrado Editorial.

Benedicto, Jorge y Fernando Reinares (1992): *Las transformaciones de lo político*. Madrid: Alianza.

Benedicto, Jorge (1995): "La construcción de los universos políticos de los ciudadanos", en Jorge Benedicto y María Luz Morán (eds.), *Sociedad y política. Temas de sociología política*. Madrid: Alianza. pp. 227-267.

Berlín, Isaiah (2001): *El erizo y la zorra*. Madrid: Península.

Beyme, Klaus (1995): *La clase política en el Estado de partidos*. Madrid: Alianza Editorial.

Bilbeny, Norbert (1997): *La revolución en la ética*. Barcelona: Anagrama.

Bilbeny, Norbert (1999): *Democracia para la diversidad*. Barcelona: Ariel.

Bobbio, Norberto (1985): *Crisis de la democracia*. Barcelona: Editorial Ariel.

Bonete Perales, Enrique (1995): *La faz oculta de la modernidad*. Madrid: Tecnos.

Bovero, Michelangelo (1997): "La naturaleza de la política. Poder, fuerza y legitimidad", en *Revista Internacional de Filosofía Política*, n° 10: 91-102, diciembre. México: UAM.

Bovero, Michelangelo (2002): *Una gramática de la democracia. Contra los gobiernos de los peores*. Madrid: Trotta.

Burbano de Lara, Felipe (1998): "A modo de introducción: el impertinente populismo", en Felipe Burbano de Lara (ed.), *El fantasma del populismo. Aproximación a un tema [siempre] actual*. Caracas: ILDIS / FLACSO / Nueva Sociedad. pp. 9-24.

Calderón Gutiérrez, Francisco (2002): *La reforma de la política. Deliberación y desarrollo*. Caracas: ILDIS / Nueva Sociedad.

Camps, Victoria (1996): *El malestar de la vida pública*. Barcelona: Grijalbo.

Camps, Victoria (2011): *El gobierno de las emociones*. Barcelona: Herder.

Camps, Victoria y Salvador Giner (1998): *Manual de civismo*. Barcelona: Ariel.

Cansino, César (2005): "Entre la democracia real y la democracia ideal. Consideraciones críticas", en *Metapolitica*, vol. 8, n° 39: 99-108, enero-febrero. México: CEPCOM.

Cansino, César y Ángel Sermeño (1997): "América Latina: Una democracia toda por hacerse", en *Metapolítica*, vol. 1, n° 4: 557-571, octubre-diciembre. México: CEPCOM / UNAM.

Castells, Manuel (1997): *La era de la información. La sociedad de la red*. Vol. 1. Madrid: Alianza Editorial.

Castells, Manuel (1998a): *La era de la información. El poder de la identidad.* Vol. 2. Madrid: Alianza Editorial.

Castells, Manuel (1998b): *La era de la información. Fin del milenio*. Vol. 3. Madrid: Alianza Editorial.

Castoriadis, Cornelius (1995): "La cultura en una sociedad democrática", en *Revista de Occidente*, n° 167: 57-72, abril. Madrid: Ediciones Revista de Occidente.

Chomsky, Noam (1997): *La lucha de clases*. Barcelona: Editorial Crítica.

Cohen, Ira (1996): *Teoría de la estructuración. Anthony Giddens y la constitución de la vida social*. México: UAM.

Cohen, Jean y Adrew Arato (2000): *Sociedad civil y teoría política*. México: Fondo de Cultura Económica.

Coppedge, Michael (1998): "Venezuela: Democrática a pesar del presidencialismo", en Juan Linz y Arturo Valenzuela (comps.), *La crisis del presidencialismo. 2. El caso de Latinoamérica*. Madrid: Alianza. pp. 335-370.

Coppedge, Michael *et al.* (2020): *Varieties of democracy. Measuring two centuries of political change*. Estocolmo: V-Dem Institut University of Gothenburg.

Corbettta, José y Aníbal Pérez-Liñán (2001): "Calidad de la democracia: Un análisis de la trayectoria argentina", en *Instituciones y Desarrollo*, n° 10: 149-169.

Corporación Latinobarómetro (2018): *Informe 2018*. Santiago de Chile.

Cortina, Adela (1993): *Ética aplicada y democracia radical*. Madrid: Tecnos.

Cortina, Adela (2017): *Aporofobia. El rechazo al pobre*. Barcelona: Paidós.

Cossarini, Paolo y Fernando Vallespín (2019): *Populism and passions. Legitimacy after austerity*. Routledge.

Cotler, Julio (1995): "Crisis política, *outsiders* y democraduras: El fujimorismo", en Carina Perelli, Sonia Picado y Daniel Zovatto (comps.), *Partidos y clase política en América Latina en los 90*. San José: CAPEL / IIDH. pp. 117-141.

Couffignal, George (dir.) (2007): *Amérique latine. Les surprises de la démocratie*. Paris: IHEAL / La Documentation Française.

Crick, Bernard (2001): *En defensa de la política*. Barcelona: Tusquets.

Cunill Grau, Pedro (1997): *Repensando lo público a través de la sociedad. Nuevas formas de gestión pública y representación social*. Caracas: CLAD / Nueva Sociedad.

Dahl, Robert (1999): *La democracia. Una guía para los ciudadanos*. Madrid: Taurus.

Dalton, Russell (1988): *Citizen politics in western democracies*. Chatham: Chatham House.

Dávila, Luis Ricardo (2002): *Formación y bases de la modernidad en Hispanoamérica*. Mérida: Universidad de Los Andes / CDCHT / Tropykos.

De Giovanni, Biagio (1990): "¿Qué significa hoy pensar la política?", en Martha Rivero (comp.), *Pensar la política*. México: UAM. pp. 33-59.

De La Torre, Carlos (1998): "Populismo, cultura política y vida cotidiana en Ecuador", en Felipe Burbano de Lara (ed,), *El fantasma del populismo. Aproximación a un tema [siempre] actual*. Caracas: Nueva Sociedad / ILDIS. pp. 131-148.

Democracy Index (2019): *The Economist Corporate Network*. Reino Unido.

Diamond, Larry y Leonardo Morlino (2004): "The quality of democracy. An overview", en *Journal of Democracy*, vol. 15, n° 4: 20-31.

Diamond, Larry y Marc Platter (1993): *The global resurgence of democracy*. Baltimore: John Hopkins University Press.

Dunleavy, Patrick (1996): "Political behavior: Institutional and experiential approaches", en Robert Goodin y Hans-Dieter Klingemann (ed.), *A new handbook of Political Science*. New York: Oxford University Press. pp. 276-293.

Dunn, John (1995): *Democracia. El viaje inacabado*. Barcelona: Tusquest.

Dunn, John (1996): *La agonía del pensamiento político occidental.* Cambridge: Cambridge University Press.

Espósito Roberto (1996): *Confines de lo político. Nueve pensamientos sobre política*. Madrid: Editorial Trotta, S.A.

Estefanía, Joaquín (1997): *Contra en pensamiento único*. Madrid: Taurus.

Fabián Sain, Marcelo (1996): "Democracia y democratización. Actores, condiciones históricas y redefinición teórico-conceptual", en *Cuadernos de Investigación*, n° 1. Bernal. Argentina: Universidad Nacional de Quilmes.

Fabrini, Sergio (2009): *El ascenso del príncipe democrático. Quién gobierna y cómo se gobiernan las democracias*. Buenos Aires: Fondo de Cultura Económica.

Fitoussi, Jean-Paul y Pierre Rosalvallon (1997): *La nueva era de las desigualdades*. Buenos Aires: Manantial.

Fleury, Sonia (1999): "Reforma del Estado en América Latina ¿Hacía dónde?", en *Nueva Sociedad,* n° 160: 58-80. Caracas.

Franco de, Augusto (1998): "La crisis de la forma partido tradicional y el surgimiento de nuevos actores políticos en la sociedad brasileña", en Thomas Manz y Moira Zuazo (coord.), *Partidos políticos y representación en América Latina*. Caracas: ILDIS / Nueva Sociedad. pp. 87-110.

Funes Rivas, María (1995): "Política y Antipolítica", en *Sistema*, n° 129: 121-133, noviembre. Madrid.

Garretón, Manuel Antonio (1995): *Hacia una nueva era política. Estudio sobre las democratizaciones*. Santiago de Chile: Fondo de Cultura Económica.

Garretón, Manuel Antonio (1999): "Situación actual y nuevas cuestiones de la democratización política en América Latina", en Peter Hengstenberg, Karl Kohut y Günther Maihold (eds.), *Sociedad civil en América Latina: Representación de intereses y gobernabilidad*. Caracas: Friedrich Ebert Stiftung / Nueva Sociedad. pp. 59-74.

Gauchet, Marcel (2002): *La démocratie contre elle-même*. Paris: Gallimard.

Gaxi, Daniel (1993): *La democratie representative*. París: Montchrestien.

Germani, Gino *et al.* (1973): *Populismo y contradicciones de clase en Latinoamérica*. México: Era.

Giddens, Anthony (1993): *Consecuencias de la modernidad*. Madrid: Alianza.

Giddens, Anthony (1996): *Más allá de la izquierda y la derecha. El futuro de las políticas radicales*. Madrid: Cátedra.

Giddens, Anthony (1997a): "Vivir una sociedad postradicional", en Beck; Giddens y Lash, *Modernidad reflexiva: Política, tradición y estética en el orden social moderno*. Madrid: Alianza. pp. 75-136.

Giddens, Anthony (1997b): *Política, sociología y teoría social. Reflexiones sobre el pensamiento social clásico y contemporáneo*. Barcelona: Paidós.

Giddens, Anthony (1999): *La tercera vía. La renovación de la socialdemocracia*. Madrid: Taurus.

Giddens, Anthony (2000): *Un mundo desbocado. Los efectos de la globalización en nuestros días*. Madrid: Taurus.

González Hernández, Juan Carlos (1997): "Transformaciones orgánicas y funcionales de los partidos políticos en la crisis del Estado de Bienestar", en *Sistema*, n° 138: 93-1015, mayo. Madrid.

González, José y Fernando Quesada (coords.) (1988): *Teorías de la democracia*. Barcelona: Anthropos.

Guachetá Torres, Julián David (2020): *La medición de la calidad de la democracia. Un análisis desde la perspectiva de la democracia sustancial y procedimental en América Latina*. Popayán: Sello Editorial Universidad Autónoma del Cauca.

Gutiérrez, Griselda (2000): "La acción y el sentido ante las transformaciones de la política", en Xiomara Martínez Oliveros (comp.), *Paradojas de la política en tiempos posmodernos*. Caracas: CIPOST / Editorial Sentido. pp. 23-32.

Hagopian, Frances (2005): "Derechos, representación y la creciente calidad de la democracia en Brasil y Chile", en *Política y gobierno*, vol. 12, n° 1: 41-90.

Hay, Colin (1997): "Estructura y actuación (Agency)", en David Marsh y Gerry Stocker (eds.), *Teoría y métodos de la ciencia política*. Madrid: Alianza. pp. 197-213.

Held, David (1992): *Modelos de democracia*. Madrid: Alianza.

Hellinger, Daniel C. (2011): *Comparative politics of Latin America. Democracy at Last?* New York: Routledge.

Henry, Michel (1995): "Crítica de lo político", en *Revista de Occidente*, n° 167: 19-36, abril.

Hermet, Guy (2008): *El invierno de la democracia. Auge y decadencia del gobierno del pueblo*. Barcelona: Editorial los Libros del Lince.

Hermet, Guy (2012): *Démocratie et Autoritarisme*. Paris: Les Éditios du Cerf.

Hidalgo Trenado, Manuel (1998): "Consolidación, crisis y cambio de sistema venezolano de partidos", en *Politeia*, n° 21: 63-104. Caracas: Instituto de Estudios Políticos, Universidad Central de Venezuela.

Índice de Desarrollo Democrático de América Latina IDD-LAT. 2018. Konrad Adenauer Stiftung.

Inglehart, Ronald (1991): *El cambio cultural en las sociedades industriales*. Madrid: Centro de Investigaciones Sociológicas.

Innerarity, Daniel (2002): *La transformación de la política*. Bilbao: Ediciones Península.

Innerarity, Daniel (2015): *La política en tiempos de indignación*. Barcelona: Galaxia Gutenberg.

Innerarity, Daniel (2020a): *Una teoría de la democracia compleja. Gobernar el siglo XXI*. Barcelona: Galaxia Gutemberg.

Innerarity, Daniel (2020b):*Pandemocracia. Una filosofía de la crisis del coronavirus*. Barcelona: Galaxia Gutemberg.

Jáuregui, Gurutz (1994): *La democracia en la encrucijada*. Barcelona: Anagrama.

Jáuregui, Gurutz (1996): *Problemas actuales de la democracia*. Barcelona: Institut de Ciencies Politiques y Socials. UAB.

Judt, Tony (2015): *Cuando los hechos cambian*. Madrid: Taurus.

Katz, Richard S. y William Crotty (eds.) (2006): *Handbook of party politics*. London: Sage Publications.

Keane, John (2018): *Vida y muerte de la democracia*. México: Fondo de Cultura Económica.

Keane, John (2020): *The new despotism*. Cambridge: Harvard University Press.

Kitschel, Herbert, Kirk A. Hawkins *et al.* (2010): *Latin American party systems*. Cambridge: Cambridge University Press.

Laclau, Ernesto (2005): *La razón populista*. Buenos Aires: Fondo de Cultura Económica.

Landi, Oscar (1995): "*Outsiders*, nuevos caudillos y *media politics*", en Carina Perelli, Sonia Picado y Daniel Zovatto (comps.), *Partidos y clase política en América Latina en los 90*. San José: CAPEL / IIDH.

Langue, Frederique (2006): "Petróleo y revolución en las américas. Las estrategias bolivarianas de Hugo Chávez", en *Revista Venezolana de Ciencia Política*, n° 29: 127-152. Mérida: CIPCOM, Universidad de Los Andes.

Lechner, Norbert (1990): *Los patios interiores de la democracia*. México: Fondo de Cultura Económica.

Lechner, Norbert (1991a): "El desafío de la democracia latinoamericana", en *Leviatán*, n° 41: 73-84, otoño, II época. Madrid.

Lechner, Norbert (1991b): "A la búsqueda de la comunidad perdida. Los restos de la democracia en América Latina", en *Revista Internacional de Ciencias Sociales*, n° 129: 569-581, septiembre. Madrid: UNESCO.

Lechner, Norbert (1994): "Los nuevos perfiles de la política. Un bosquejo", en *Nueva Sociedad*, n° 130: 73-84, marzo-abril. Caracas.

Lechner, Norbert (1995): "La democracia entre la utopía y el realismo", en *Revista Internacional de Filosofía Política*, n° 6: 104-115, diciembre. México: UAM.

Lechner, Norbert (1996a): "La política ya no es lo que fue", en *Nueva Sociedad*, n° 144: 104-113, julio-agosto. Caracas.

Lechner, Norbert (1996b): "Las transformaciones de la política", en *Revista Mexicana de Sociología*, enero-marzo, pp. 3-16. México.

Lechner, Norbert (1996c): "Por qué la política ya no es lo que fue", en *Nexos*, n° 216, diciembre. México.

Lechner, Norbert (1997): "El nuevo contexto de los partidos políticos", en *Foro Internacional*, n° 147; 48-58, enero-marzo. México: El Colegio de México.

Lechner, Norbert (2002): *Las sombras del mañana. La dimensión subjetiva de la política*. Santiago de Chile: LOM.

Levine, Daniel y José Enrique Molina (2007): "La calidad de democracia en América Latina. Una visión comparada", en *América Latina Hoy*, n° 45: 17-46. Salamanca.

Levitsky, Steven y Daniel Ziblatt (2018): *How democracies die*. Nueva York: Crown.

Lijphart, Arend (2000): *Modelos de democracia*. Barcelona: Ariel Ciencia Política.

Linz, Juan (1975): "Totalitarian and authoritarian regimes", en F. I. Greenstein y N. W. Polsby (comps.), *Handbook of political science, Reading*, Addison-Wesley, vol. III.

Luna, Juan Pablo (2015): "Institucionalización de Sistemas de Partidos: ¿Por qué es necesario un nuevo concepto?", en Mariano Torcal (coord.), *Sistemas de partidos en América Latina. Causas y consecuencias de su equilibrio inestable*. Barcelona: Siglo XXI Editores / Anthopos. pp. 19-42.

Madueño, Luis E. (1997): "Crisis y descomposición de la política en América Latina", en *Revista Venezolana de Ciencia Política*, n° 12: 31-56. Mérida: CIPCOM, Universidad de Los Andes.

Madueño, Luis E. (1999): *Sociología política de la cultura. Una introducción*. Mérida: Centro de Investigaciones de Política Comparada.

Maestre, Agapito (1994): *El poder en vilo. A favor de la política*. Madrid: Tecnos.

Maestre, Agapito (1996): *El vértigo de la democracia*. Madrid: Huerga & Fierro / Ediciones de La Ilustración.

Maestre, Agapito (1997): "La cuestión democrática: Para explicar las transformaciones de la política", en *Metapolítica*, vol. 1, n° 4: 543-555, octubre-diciembre. México: Centro de Estudios de Política Comparada.

Maestre, Agapito (2000): *La escritura de la política*. México: Centro de Estudios de Política Comparada.

Magdaleno, John (2020): "Una breve introducción a las transiciones hacia la democracia: Lecciones tentativas de ciento dos casos de transiciones a la democracia en el mundo", en *Democracia y libre empresa*. Caracas: Fedecamaras. pp. 39-60.

Mainwaring, Scott y Aníbal Pérez-Liñán (2008a): "Regime legacies and democratization: Explaining variance in the level of democracy in Latin America, 1978-2004", en *Documento de Trabajo*, n° 354, Kellogg Institute for International Studies.

Mainwaring, Scott y Timothy Scully (2008b): "Eight lessons for governance", en *Journal of Democracy*, vol. 19, n° 3: 113-127, july.

Maíz, Ramón (2001): "Democracia participativa: Repensar la democracia como radicalización de la política", en *Metapolítica*, vol. 5, n° 18: 72-95, abril-junio. México: Centro de Estudios de Política Comparada.

Manffesoli, Michael (1997): *Elogio de la razón sensible*. Barcelona: Paidós.

Maravall, José María (1995): *Los resultados de la democracia*. Madrid: Alianza.

March, James y Johan Olsen (1997): *El redescubrimiento de las instituciones. La base organizativa de la política.* México: Fondo de Cultura Económica.

Marta Sosa, Joaquín (1984): *Venezuela: Elecciones y transformación social.* Caracas: Centauro.

Martín Barbero, Jesús (2001): "De las políticas de comunicación a la reimaginación de la política", en *Nueva Sociedad,* n° 175: 70-84, septiembre-octubre. Caracas: Nueva Sociedad.

Martín Barbero, Jesús y Fabio López de La Roche (1998): *Cultura, medios y sociedad.* Bogotá: Centro de Estudios Sociales, Universidad Nacional de Colombia.

Marván, María (1999): "Partidos políticos: ¿Instituciones necesarias o prescindibles?", en *Metapolítica,* vol. 3, n° 10: 259-279, abril-junio. México: Centro de Estudios de Política Comparada.

Mascareño, Carlos (2000): *Balance de la descentralización en Venezuela: logros, limitaciones y perspectivas.* PNUD / ILDIS / Nueva Sociedad, Caracas.

Mascareño, Carlos (2007): "El federalismo venezolano re-centralizado", en *Provincia,* n° 17: 11-22, enero-junio. Mérida: CIEPROL, Universidad de Los Andes.

Mascott, María Ángeles (1997): "Cultura política y nuevos movimientos sociales en América Latina", en *Metapolítica,* vol. 1, n° 2: 227-239. México: Centro de Estudios de Política Comparada / UNAM.

Mayorga, René Antonio (1995): *Antipolítica y neopopulismo.* La Paz: Centro Boliviano de Estudios Multidisciplinarios.

Mayorga, René Antonio (1997): "La democracia representativa en América Latina. Entre las demandas de participación y las tendencias antipolíticas", en Agustín Martínez (coord.), *Cultura política. Partidos y transformaciones en América Latina.* Caracas: CIPOST / CLACSO. pp. 125-144.

Mayorga, René Antonio (2008): "*Outsiders* políticos y neopopulismo: el camino a la democracia plebiscitaria", en Mainwaring, Scott *et al., La crisis de representación democrática en los países andinos.* Bogotá: Grupo Editorial Norma / Vitral. pp. 209-260.

Mazzuca, Sebastián (2003): "Calidad democrática: Deber y haber del concepto", en Osvaldo Lazzeta *et al.* (eds.), *Democracia, desarrollo humano y ciudadanía: Reflexiones sobre la calidad de la democracia en América Latina.* Rosario-Santa Fe: Homo Sapiens / Ediciones-Pnud.

Mazzuca, Sebastian (2007), "Reconceptualizing democratization: Access to power versus exercise of power", en Gerardo Munck (ed.), *Regimes and democracy in Latin America: Theories and methods.* Nueva York: Oxford University Press. pp. 39-49.

Mella Márquez, Manuel (ed.) (1997): *Curso de partidos políticos.* Madrid: Akal.

Mires, Fernando (1997): "El comienzo de la historia", en Helena González y Heidulf Schmidt (org.) *Democracia para una nueva sociedad (Modelo para armar).* Caracas: Nueva Sociedad.

Mires, Fernando (2000): *Teoría política del nuevo capitalismo. O el discurso de la globalización.* Caracas: Nueva Sociedad.

Mires, Fernando (2001): *Teoría de la profesión política. Corruptos, milicos y demagogos.* Caracas: Nueva Sociedad / Faces, UCV.

Mires, Fernando (2002): *Civilidad. Teoría política de la postmodernidad.* Madrid: Trotta.

Mols, Manfred (1987): *La democracia en América Latina.* Barcelona: Editorial Alfa.

Monsivais, Carlos (2000): *Aires de familia. Cultura y sociedad en América Latina.* Barcelona: Anagrama.

Montero, José Ramón, Richard Gunther y Juan J. Linz (eds.) (2007): *Partidos políticos. Viejos conceptos y nuevos retos.* Madrid: Trotta.

Montero, José Ramón; Gunter, Richard Torcal, Mariano (1998): "Actitudes hacia la democracia en España: Legitimidad, descontento y desafección", en *Revista Española de Investigaciones Sociológicas (REIS),* n° 83: 9-27. Madrid: Centro de Investigaciones Sociológicas (CIS).

Montilla, Luis Enrique (2001): "La abstención electoral en Venezuela y su explicación como factor político. 1958-1988", en *Revista Venezolana Ciencia Política,* n° 20: 67-96, julio-diciembre. Mérida: Postgrado de Ciencia Política / Universidad de Los Andes.

Montilla, Luis Enrique (2007): "Participación e indiferencia política en Venezuela", en *Revista Venezolana de Ciencia Política,* n° 32: 93-124, julio-diciembre. Mérida: CEPSAL, Universidad de Los Andes.

Mora Belandria, Elys (1998): "Los límites de la videopolítica", en *Revista Venezolana de Ciencia Política,* n° 13: 89-106. Mérida: Postgrado de Ciencia Política, Universidad de Los Andes.

Morán, María Luz (1997): "Sociedad, cultura política: Continuidad y novedad en análisis cultural", en *Zona Abierta,* n° 77-78: 1-29. Madrid.

Moratalla, Tomás Domingo (1998): "Utopía", en Adela Cortina (dir.), *10 palabras claves en Filosofía Política.* Navarra: Verbo Divino. pp. 389-440.

Morlino, Leonardo (2005): "Calidad de la democracia", en *Metapolítica,* vol. 8, n° 39, 37-53, enero-febrero. México: Cepcom.

Morlino, Leonardo (2007): "Explicar la calidad democrática: ¿Qué tan relevantes son las transiciones autoritarias", en *Revista de Ciencia Política,* vol. 27: 3-22? Santiago de Chile: Pontificia Universidad Católica de Chile.

Morlino, Leonardo (2009): "La calidad de democracia", en *Claves de Razón Práctica,* n° 193: 26-35. España: Fundación Pablos Iglesias.

Morlino, Leonardo (2012): *Changes for Democracy. Actors, Structures, Processes.* Oxford: Oxford University Press.

Mouffe, Chantal (1999): *El retorno de lo político. Comunidad, ciudadanía, pluralismo, democracia radical.* Barcelona: Paidós.

Mounk, Yascha (2018): *The people vs. democracy. Why our freedom is in danger and how to save it.* Harvard: Harvard University Press.

Mounk, Yascha (2019): *El pueblo contra la democracia. Por qué nuestra libertad está en peligro y cómo salvarla.* Buenos Aires: Paidós.

Mulgan, Geoff (1994): *Politics in an antipolitical age.* Cambridge: Polity Press.

Munck, Gerardo (2004): "La política democrática en América Latina: contribuciones de una perspectiva institucional", en *Política y Gobierno,* vol. 11, n° 2: 315-346.

Munck, Gerardo (2014): "What is democracy? A reconceptualization of the quality of democracy", en C&M, IPSA, UGA, *Political concepts committee on concepts and methods working paper*. pp. 1-35.

Murillo, Gabriel (1998): "Anotaciones sobre la crisis de representación política en Colombia", en Ana María Bejarano y Andrés Dávila (comps.), *Elecciones y democracia en Colombia 1997-1998*. Bogotá: UNIANDES. pp. 51-74.

Murillo, Gabriel y Juan Carlos Ruiz (1995): "Gobernabilidad en América Latina: La desatanización de los partidos políticos", en Carina Perelli, Sonia Picado y Daniel Zovatto (comps.), *Partidos y clase política en América Latina en los 90*. San José: CAPEL / IIDH. pp. 283-294.

Neira, Enrique (1998): "Eficiencia y legitimidad: Los dos retos de nuestras democracias", en *Revista Venezolana de Ciencia Política*, n° 13: 55-88. Mérida: Postgrado de Ciencia Política, Universidad de Los Andes.

Novaro, Marcos (1996): "Los populismos latinoamericanos transfigurados", en *Nueva Sociedad*, n° 144: 90-113. Caracas.

Novaro, Marcos (1998): "Populismo y gobierno. Las transformaciones en el peronismo y la consolidación democrática en Argentina", en Felipe Burbano De Lara (ed.), *El fantasma del populismo. Aproximación a un tema [siempre] actual*. Caracas: ILDIS / FLACSO / Nueva Sociedad. pp. 25-48.

Nun, José (1998): "Populismo, representación y menemismo", en Felipe Burbano De Lara (ed.), *El fantasma del populismo. Aproximación a un tema [siempre] actual*. Caracas: ILDIS / FLACSO / Nueva Sociedad. pp. 49-79.

O'Donnell, Guillermo (1993): "Estado, democratización y ciudadanía", en *Nueva Sociedad*, N° 128: 62-87, noviembre-diciembre. Caracas.

O'Donnell, Guillermo (1996): "Otra institucionalización", en *Ágora*, n° 5. Buenos Aires.

O'Donnell Guillermo y Schmitter Philippe (1994): *Transiciones desde un gobierno autoritario*. Barcelona: Paidós.

Oakeshott, Michael (1998): *La política de la fe y la política del escepticismo*. México: Fondo de Cultura Económica.

Osorio, Jaime (1997): *Despolitización de la ciudadanía y gobernabilidad*. México: Universidad Autónoma Metropolitana. pp. 165-170.

Pasquino, Gianfranco (1997a): "La partecipazione politica", en Gianfranco Pasquino, *Corso di Scienza Politica*. Bologna: Il Murlino. pp. 40-65.

Pasquino, Gianfranco (1997b): *La democrazia esigente*. Bologna: Il Murlino.

Pasquino, Gianfranco (1997c): "Gobernabilidad y calidad de la democracia", en Salvador Giner y Sebastián Sarasa (eds.), *Buen gobierno y política social*. Barcelona: Ariel Ciencia Política.

Pereira, Valia (1999): "Tiempos de cambios en las actitudes políticas de los venezolanos", en *América Latina Hoy*, n° 21: 51-61, abril. Salamanca: Universidad de Salamanca.

Perelli, Carina (1995): "La personalización de la política. Nuevos caudillos, *outsiders*, política mediática y política informal", en Carina Perelli, Sonia Picado y Daniel Zovatto (comps.), *Partidos y clase política en América Latina en los 90*. San José: CAPEL / IIDH.

Perez Yruela, Manuel *et al.* (2010): *Calidad de la democracia en España. Una auditoria ciudadana.* Barcelona: Ariel.

Peruzzotti, Enrique (2001): "Modernización y juridización en América Latina. Hacía una teoría crítica del proceso de desarrollo latinoamericano", en *Metapolítica*, vol. 5, n° 18: 149-165, abril-junio.

Peruzzotti, Enrique y Catalina Smulovitz (2002): *Controlando la política. Ciudadanos y medios en las nuevas democracias Latinoamericanas.* Buenos Aires: Temas.

Peschard, Jaqueline (1996): "Notas sobre la problemática de los partidos políticos en la construcción democrática en América Latina", en *Revista Latinoamericana de Estudios Avanzados,* n° 1: 51-61. Caracas: CIPOST.

Philip, George (1998): "The new populism, presidentialism and market - Orientated reform in spanish south America", en *Government and Opposition,* vol. 33, n° 1: 81-97, winter. London: London School of Economics and Political Science.

Pintacuda, Ennio (1994): *Breve curso de política.* Cantabria: Sal Terrae.

Pradera, Javier (2014): *Corrupción y política. Los costes de la democracia.* Barcelona: Galaxia Gutenberg / Círculo de Lectores.

Proyecto Varieties of Democracy (2018): V-DEM Institute Universidad DE Gotemburgo, Notre Dame.

PrzeworskI, Adam (2010): Qué esperar de la democracia. Límites y posibilidades del autogobierno. Buenos Aires: Siglo Veintiuno Editores.

Quijano, Anibal (1998): "Populismo y fujimorismo", en Felipe Burbano De Lara (ed.), *El fantasma del populismo. Aproximación a un tema [siempre] actual.* Caracas: ILDIS / FLACSO / Nueva Sociedad.

Quintero Lugo, Gilberto (2000): *La crisis de la democracia en Venezuela. 1941-1993.* Mérida: Grupo de Investigación sobre Historiografía de Venezuela / CDCHT, Universidad de Los Andes.

Ramos Jiménez, Alfredo (1997): *Las formas modernas de la política. Estudio sobre la democratización de América Latina.* Mérida: Centro de Investigaciones de Política Comparada. Universidad de Los Andes.

Ramos Jiménez, Alfredo (1999a): "Venezuela: El ocaso de una democracia bipartidista", en *Nueva Sociedad,* n° 161: 35-42, mayo-junio. Caracas.

Ramos Jiménez, Alfredo (1999b): *Comprender el Estado. Introducción a la politología.* Mérida: Centro de Investigaciones de Política Comparada, Universidad de Los Andes.

Ramos Jiménez, Alfredo (1999c): "La política y sus transformaciones", en *Revista Venezolana de Ciencia Política,* n° 16: 11-23, enero-junio. Mérida: Postgrado de Ciencia Política, Universidad de Los Andes.

Ramos Jiménez, Alfredo (2002a): "Partidos y sistemas de partidos en Venezuela", en Marcelo Cavarozzi y Juan Abal Medina (comp.), *El asedio a la política. Los partidos políticos latinoamericanos en la era neoliberal.* Buenos Aires: Konrad Adenauer Stiftung / Homo Sapiens. pp. 381-409.

Ramos Jiménez, Alfredo (2002b): "Los límites del liderazgo plebiscitario. El fenómeno Chávez en perspectiva comparada", en Alfredo Ramos Jiménez (ed.), *La transición venezola-*

na. *Aproximación al fenómeno Chávez*. Mérida: Centro de Investigaciones de Política Comparada, Universidad de Los Andes. pp. 15-46.

Ramos Jiménez, Alfredo (2009): *El experimento bolivariano*. Mérida: Centro de Investigaciones de Política Comparada.

Ramos Jiménez, Alfredo (2015): *Los partidos políticos latinoamericanos. Una segunda mirada*. Mérida: Centro de Investigaciones de Política Comparada, Universidad de Los Andes.

Ramos Jimenez, Alfredo (2016): *Las formas modernas de la política. Estudio sobre la democratización de América Latina*. Mérida: Centro de investigaciones de Política Comparada.

Recalde, José Ramón (1995): *Crisis y descomposición de la política*. Madrid: Alianza Editorial.

Reid, Michel (2018): *El continente olvidado. Una historia de la nueva América Latina*. Bogotá: Crítica.

Revilla Blanco, Marisa (1995): "Participación política: lo individual y lo colectivo en el juego democrático", en Jorge Benedicto y María Luz Morán (eds.), *Sociedad y política. Temas de sociología política*. Madrid: Alianza. pp. 299-23.

Rhodes, Raw (1997): "El institucionalismo", en David Marsh y Gerry Stoker (eds.), *Teorías y métodos de la Ciencia Política*. Madrid: Alianza. pp. 53-67.

Rial, Juan (1995): "Los partidos políticos en la primera mitad de los años noventa", en Carina Perelli, Sonia Picado y Daniel Zovatto (comp.), *Partidos y clase política en América Latina en los 90*. San José: CAPEL / IIDH. pp. 29-99.

Rial, Juan (1998): "La representación política en cuestión", en *Contribuciones*, 1: 29-51. Buenos Aires: Konrad Adenauer Stinftung / CIEDLA.

Rivas Leone, José Antonio (1997): "La crisis de los partidos y el avance la antipolitica", en *Revista Venezolana de Ciencia Política*, n° 12: 57-84. Mérida: Postgrado de Ciencia Política, Universidad de Los Andes.

Rivas Leone, José Antonio (1999a): "Política y antipolítica: Un debate entre las viejas formas y nuevas formas de hacer política", en *Cuestiones Políticas*, n° 22: 11-32. Maracaibo: Instituto de Estudios Políticos y Derecho Público, Facultad de Ciencias Jurídicas y Políticas, Universidad del Zulia.

Rivas Leone, José Antonio (1999b): "Gobernabilidad, democracia y partidos políticos: Ideas para un debate", en *Revista Ciencias de Gobierno*, n° 5: 19-32. Maracaibo: Instituto Zuliano de Estudios Políticos, Económicos y Sociales (IZEPES).

Rivas Leone, José Antonio (2000a): "Repensar la democracia: Una lectura de Norbert Lechner", en *Revista Nueva Sociedad*, n° 170, noviembre-diciembre. Caracas: Nueva Sociedad.

Rivas Leone, José Antonio (2000b): "La vulnerabilidad de la democracia y el rediseño institucional en Venezuela", en *Revista Foro Internacional*, n° 162. México: Universidad Nacional Autónoma de México / El Colegio de México.

Rivas Leone, José Antonio (2002a): "El desmantelamiento institucional de los partidos en Venezuela 1990-2000", en *Revista de Estudios Políticos*, n° 118: 181-196, octubre-diciembre. Madrid: Centro de Estudios Políticos y Constitucionales.

Rivas Leone, José Antonio (2002b): "Transformaciones y crisis de los partidos políticos. La nueva configuración del sistema de partidos en Venezuela", en *Working Papers*, n°

202. Barcelona: Institut de Ciencies Politiques i Socials - Universidad Autónoma de Barcelona.

Rivas Leone, José Antonio (2002c): *Ciencia Política. Una aproximación transdisciplinaria*. Mérida: Centro de Investigaciones de Política Comparada, Universidad de Los Andes.

Rivas Leone, José Antonio (2008): *Los desencuentros de la política venezolana. Nacimiento, consolidación y desinstitucionalización de los partidos políticos*. Caracas: Fundación de la Cultura Urbana.

Rivas Leone, José Antonio (2012): "La experiencia populista y militarista en la Venezuela contemporánea", en *Working Papers*, n° 307. Barcelona: Institut de Ciencies Politiques i Socials - Universidad Autónoma de Barcelona.

Rivas Leone, José Antonio (2013): "El debate en torno a la calidad de la democracia", en *Reflexión Política*, n° 29, vol. 15: 22-32. Bucaramanga: Instituto de Estudios Políticos, Universidad Autónoma de Bucaramanga.

Rivas Leone, José Antonio (2019): "Transición democrática o autocratización revolucionaria. El deterioro institucional de la democracia en Venezuela 1999-2019", en *Working Papers*, n° 358. Barcelona, Institut de Ciencies Politiques i Socials, Universidad Autónoma de Barcelona.

Rivas Leone, José Antonio (2020): *En los bordes de la democracia. La militarización de la política venezolana*. Mérida: Consejo de Publicaciones / Centro de Investigaciones de Política Comparada, Universidad de Los Andes.

Rivera, José Manuel (1995): "Intereses, organización y acción colectiva", en Jorge Benedicto y María Luz Morán (eds.), *Sociedad y política. Temas de sociología política*. Madrid: Alianza. pp. 269-298.

Rivero, Marta (1996): *Pensar la política*. México: Universidad Autónoma de México.

Rödel, Ulrich, Günter Frankenberg y Helmut Dobiel (1997): *La cuestión democrática*. Madrid: Huerga & Fierro / Ediciones de La Ilustración.

Romero, María Teresa (1997): "La agudización de la crisis del sistema político venezolano", en Elsa Cardozo de Da Silva y Richard Hillman (comp.), *De una a otra gobernabilidad: El desbordamiento de la democracia venezolana*. Caracas: Tropykos / FACES, Universidad Central de Venezuela.

Rondón Nucete, Jesús (2003): *Hacia la constituyente*. Producciones Karol. Mérida.

Rorty, Richard (1991): *Contingencia, ironía y solidaridad*. Paidós. Barcelona.

Rosanvallon, Pierre (2007): *La contrademocracia. La política en la era de la desconfianza*. Buenos Aires: Ediciones Manantial.

Rosanvallon, Pierre (2020): *El siglo del populismo*. Buenos Aires: Ediciones Manantial.

Ros Cherta, Juan Manuel (1999): "Tres lecturas del individualismo en la ética política", *Sistema*, n° 159: 99-114, mayo. Madrid: Fundación Sistema.

Rouquié, Alain (2010): *A l'ombre des dictatures. La démocratie en Amérique latine. La démocratie en Amérique Latine*. Paris: Albin Michel.

Rubiales, Francisco (2007): *Politicos, los nuevos amos. Rebeldía ciudadana frente a la democracia degenerada*. Madrid: Almuzara.

Salazar, Luis (1997): "La mala fama de la política", en *Revista Internacional de Filosofía Política,* n° 10: 103-119, diciembre. México: UAM.

Sánchez-Parga, José (1995): *Lo público y la ciudadanía en la construcción de la democracia.* Quito: ILDIS.

Sánchez-Parga, José (1998): "Encubrimientos sociopolíticos del populismo", en Felipe Burbano De Lara (ED). *El fantasma del populismo. Aproximación a un tema [siempre] actual.* Caracas: ILDIS / FLACSO / Nueva Sociedad. pp. 149-169.

Sartori, Giovanni (1992): *Elementos de Teoría Política.* Madrid: Alianza.

Sartori, Giovanni (1994a): *¿Qué es la democracia?* Bogotá: Altamir.

Sartori, Giovanni (1994b): *Ingeniería constitucional comparada. Una investigación de estructuras incentivos y resultados.* México: Fondo de Cultura Económica.

Saward, Michael (2003): *Democracy.* Cambridge. Polity Press.

Schedler, Andreas (2020): *La política de la incertidumbre en los regímenes electorales autoritarios.* México: Fondo de Cultura Económica.

Schmitter, Philippe (2005): "Calidad de la democracia. Las virtudes ambiguas de la rendición de cuentas", en *Metapolitica,* vol 8, *n°* 39: 61-73, enero-febrero. México: CEPCOM.

Sen, Amartya (1997): *La libertá individuale como impegno sociales.* Laterza: Roma.

Sennet, Richard (2013): *Together. The rituals, pleasures and politics of cooperation.* Londres: Penguin Books.

Sole Puig, Carlota (1997): "Acerca de la modernización, la modernidad y el riesgo", *REIS,* n° 80: 111-131, octubre-diciembre. Madrid: CIS.

Solé Puig, Carlota (1998): *Modernidad y modernización.* Barcelona: Anthropos / UAM.

Stambouli, Andrés (2002): *La política extraviada. Una historia de Medina a Chávez.* Caracas: Fundación Para la Cultura Urbana.

Subirats, Joan (2001): "Nuevos mecanismos participativos y democracia: Promesas y amenazas", en Joan Font (comp.), *Ciudadanos y decisiones públicas.* Ariel. pp. 33-42.

Tanaka, Martín (2008): "De la crisis al derrumbe de los sistemas de partidos, y los dilemas de la representación democrática: Perú y Venezuela", en Scott Mainwaring, Ana María Bejarano y Eduardo Pizarro (eds.) (2006): *La crisis de la representación democrática en los países andinos.* Bogotá: Norma. pp. 89-131.

Tarrow, Sidney (1997): *El poder en movimiento. Los movimientos sociales, la acción colectiva y la política.* Madrid: Alianza.

Tenzer, Nicolas (1991): *La sociedad despolitizada.* Buenos Aires: Paidós.

Torcal, Mariano (2001): "La desafección política en las nuevas democracias del sur de Europa y Latinoamérica", en *Instituciones y Desarrollo,* n° 8-9: 229-280, mayo. Cataluña: Instituto Internacional de Gobernabilidad.

Torres Rivas, Edelberto (1995): "La gobernabilidad democrática y los partidos políticos en América Latina", en Carina Perelli, Sonia Picado y Daniel Zovatto (coords.), *Partidos y clase política en América Latina en los 90.* San José: CAPEL / IIDH.

Touraine, Alain (1989): *América Latina. Política y sociedad.* Madrid: Espasa Calpe.

Trak, Juan Manuel *et al.* (2018): *Crisis y democracia en Venezuela. 10 años de cultura política de los venezolanos a través del Barómetro de las Américas*. Caracas: Abcediciones / Universidad Católica Andrés Bello.

Trejo Delabre, Raúl (1994): "Videopolítica vs mediocracia. Los medios y la cultura democrática", en *Revista Mexicana de Sociología*, n° 3, julio-septiembre. México: UNAM.

Tsebelis, George (1996): *Nested games. Rational choice in comparative politics*. Berkeley: University of California Press.

Todorov, Tzvetan (2016): *Los enemigos íntimos de la democracia*. Barcelona: Galaxia Gutenberg.

Ullibari, Eduardo (1993): "Golpes y deslices de *outsiders*", en *Visión*, vol. 81, n° 1. Bogotá.

Ulloa, César (2017): *El populismo. ¿Por qué emerge en unos países y en otros no?* Quito: Flacso, Ecuador.

Ulloa, César (2020): *Chávez, Correa y Morales. Discurso y poder*. Quito: Universidad de Las Américas.

Ungar, Elisabeth (1993): *Gobernabilidad en Colombia. Retos y desafíos*. Bogotá: UNIANDES.

Urbaneja, Diego Bautista (Coord.) (2017): *Desarmando el modelo. Las transformaciones del sistema político venezolano desde 1999*. Caracas: Abediciones / Konrad Adenauer Stiftung.

Vallespín, Fernando (2000): *El futuro de la política*. Madrid: Taurus.

Vallespín, Fernando (comp.) (1990): *Historia de la teoría política*. 6 volúmenes. Madrid: Alianza Editorial.

Vallespin, Fernando y Máriam Bascuñán (2017): *Populismos*. Madrid: Alianza.

Vargas-Machuca, Ramón (2006): "La calidad de la democracia", en *Claves de razón práctica*, n° 165: 34-41.

Vatter, Miguel (1996): "La democracia, entre representación y participación", en Antonio Porras Nadales (ed.), *El debate sobre la crisis de la representación política*. Madrid: Tecnos.

Verdi, Mario (2000): *El retorno de la política. La confrontación ideológica*. Buenos Aires: Catálogos.

Viciano Pastor, Manuel y Rubén Martínez Dalmau (2000): "Cambio político, cambio constitucional y la nueva configuración del sistema de partidos políticos en Venezuela", en *Revista de Estudios Políticos*, n° 110: 139-174, octubre-diciembre. Madrid.

Viguera, Aníbal (1993): "Populismo y neopopulismo en América Latina", en *Mexicana de Sociología*, n° 3: 49-66, julio-septiembre. México: UNAM.

Vilas, Carlos (1994): "Entre la democracia y el debilitamiento de los caudillos electorales de la posmodernidad", en Silvia Dutrénit y Leonardo Valdés (coords.), *El fin de siglo y los partidos políticos en América Latina*. México: Instituto Mora / Universidad Autónoma Metropolitana. pp. 323-340.

Wagner, Peter (1997): *Sociología de la modernidad*. Barcelona: Herder.

Weber, Max (1992): *Economía y sociedad. Ensayo de sociología comprensiva*. Buenos Aires: Fondo de Cultura Económica.

Weffort, Francisco (1993): *¿Cuál democracia?* Costa Rica: FLACSO.

Welsch, Friedrich (1994): "Cultura política en Venezuela: Continuidad y cambio 1973-1993", en *Memoria Política,* n° 4, vol. I: 79- 94. Valencia: Centro de Estudios Políticos y Administrativos, Facultad de Derecho, Universidad de Carabobo.

Weyland, Kurt (1997): "Neopopulismo y neoliberalismo en América Latina: Afinidades inesperadas", en *Pretextos.* Madrid.

Weyland, Kurt y Raúl L. Madrid (2019): *When democracy Trumps populism: European and Latin American lessons for the United States.* Cambridge: Cambridge University Press, Year:

Zea, Leopoldo (1986): *América Latina en sus ideas.* México: Siglo XXI Editores.

Zemelman, Hugo (1989): *De la historia a la política. La experiencia de América Latina.* México: Siglo XXI / Universidad de Las Naciones Unidas.

Zolo, Danilo. (1994): *Democracia y complejidad.* Buenos Aires: Nueva Visión.

Zuleta P., Enrique (1995): "La marea antipartidista desborda todo marco. ¿Existen alternativas institucionales? *Perfiles Liberales,* n° 41: 8-13. Bogotá.